春華秋實

国家文物局60年纪事

国家文物局 编

文物出版社

装帧设计　李　丽
责任印制　王少华
责任编辑　李媛媛

图书在版编目（CIP）数据

春华秋实：国家文物局60年纪事 / 国家文物局编 --北京：文物出版社，2010.12
ISBN 978-7-5010-3117-7

Ⅰ.①春… Ⅱ.①国… Ⅲ.①文物工作－中国－图集 Ⅳ.①K87-64

中国版本图书馆CIP数据核字（2010）第242255号

春华秋实

国家文物局60年纪事

国家文物局　编

*

文物出版社出版发行
北京市东直门内北小街2号楼
邮政编码：100007
http://www.wenwu.com
E-mail：web@wenwu.com
北京杰诚雅创文化传播有限公司　印制
新华书店经销
889×1194　1/16　印张：12
2010年12月第1版　2010年12月第1次印刷
ISBN　978-7-5010-3117-7　定价：160.00元

春華秋實

国家文物局 60 年纪事

目 录 | MULU

XU | 序

2009年秋末冬初，在举国欢度中华人民共和国60华诞的喜庆日子里，国家文物局迎来了自己的60岁生日。为寄托对文物事业的深情回顾和美好期盼，我们在举办《春华秋实——国家文物局60年展》的同时，编辑出版了这部图文并茂的历史画卷。

风雨兼程，薪火相传。60年来，在党中央、国务院的亲切关怀下，新中国文物事业从无到有，不断壮大，取得了令人瞩目的巨大成就。在波澜壮阔的历史进程中，这项神圣事业经历了数不尽的曲折与艰辛，融入了郑振铎、王冶秋等老一辈文物、博物馆工作者的心血和汗水，凝结了一大批老领导、老同志的情感与期望，他们为文物事业做出了杰出贡献，也赋予了我们继续推进文化遗产事业繁荣发展的强大动力和精神支撑。在如火如荼的工作实践中，国家文物局立足管理职能和部门特色，积极推进自身建设，锤炼和铸就了吃苦耐劳、无私奉献，尊重知识、科学决策，开拓创新、和谐向上的优良作风，引领全国文物事业从胜利走向新的胜利。

进入21世纪以来，人类社会发展日新月异，国际国内文化遗产保护领域新理念不断涌现，面对我国经济社会持续快速发展和大规模经济建设新形势下文化遗产事业遇到的新机遇、新挑战，国家文物局坚持以科学发展观为指导，努力探索文物事业可持续发展的新思路，大力加强基础工作——以《文物保护法》为核心的文物法制体系初步形成；文物资源调查建档工作成效显著，第三次全国文物普查取得阶段性成果；人才队伍建设扎实推进；文物安全防范工作日益加强。文化遗产事业呈现繁荣发展的新局面——文物保护维修、考古发掘与研究、世界文化遗产保护管理成果累累；文物保护科技水平进一步提高；博物馆向全社会免费开放，文化传播功能和社会服务水平大幅度提升；积极参与国际文化遗产保护交流与合作，推动中华民族优秀传统文化走向世界；在奔向文化遗产保护强国的前进道路上迈出了坚实的步伐。

《春华秋实——国家文物局60年纪事》，是中华人民共和国成立60年之际我国文物事业发展的一次巡礼。图录通过300多幅珍贵图片，系统回顾了新中国文物主管部门“艰辛创业，奠定基础”的早期岁月，“排除干扰，曲折前进”的蹉跎时光，“蓬勃发展，共创和谐”的奋进年华；从文物法制建设、考古和文化遗产保护、博物馆工作、国际交流、机关建设等方面，反映了国家文物局60年来所取得的辉煌成就，凝聚了成千上万文物工作者的恢弘业绩。这本图录宛若一缕敬仰与深情的回眸，更是一次继往开来的追忆与展望，它将激励我们站在新的历史起点，高举中国特色社会主义理论伟大旗帜，以邓小平理论和“三个代表”重要思想为指导，深入贯彻落实科学发展观，不断解放思想，坚持改革开放，努力促进中国文化遗产事业全面协调可持续发展，共同开创文物博物馆工作的美好未来！

国家文物局局长 单霁翔

二○○九年十二月

QIANYAN | 前 言

斗转星移，沧海桑田。伴随新中国的诞生、成长，文物事业走过了60年的艰辛与辉煌。1949年11月，文化部文物局成立，揭开了国家文物局光辉史册的扉页。北海团城，东四头条5号，朝内大街203号，紫禁城慈宁宫，北大红楼，朝阳门北大街10号……每一次辗转，每一次变迁，每一个足印，每一个瞬间，国家文物局都与共和国的命运息息相关，折射出时代的风云与潮流。

60载山河巨变，60载风雨历程……在党中央、国务院的亲切关怀下，国家文物局带领全国文博工作者，呕心沥血，艰苦创业，为文物事业发展奠定了坚实的基础；经历了改革开放和现代化建设新形势下文物保护任务日趋繁重的严峻考验，坚决贯彻执行《文物保护法》和文物工作方针，开创了文化遗产事业发展的新局面。

在喜庆新中国60华诞之际，《春华秋实——国家文物局60年纪事》以国家文物局不懈探索、开拓进取的奋斗历程为主线，展现了文物事业昂扬奋进、不断发展壮大的历史画卷，铭记了文物事业开拓者、守望者的不朽功绩和杰出贡献。

亲切关怀　巨大鼓舞

QINQIEGUANHUAI JUDAGUWU

1954 年 5 月 20 日，毛泽东主席在紫禁城西北角楼。

1980年7月9日，中共中央副主席邓小平在陕西参观秦始皇陵兵马俑一号坑。

2001 年 6 月 20 日，中共中央总书记江泽民在中国革命博物馆参观《肩负人民的希望——纪念中国共产党成立八十周年图片展》。

2007 年 7 月 26 日，中共中央总书记胡锦涛在中国人民革命军事博物馆参观《我们的队伍向太阳——新中国成立以来国防和军队建设成就展》。

艰辛创业　奠定基础

JIANXINCHUANGYE DIANDINGJICHU

1949~1965年

一、艰辛创业　奠定基础

（1949~1965 年）

新中国成立后，党和政府高度重视文物保护工作，组建了专门的文物事业管理机构——文化部文物局。文化部文物局成立伊始，即着手在全国范围内行使文物保护管理职责，这在中国文物保护史上具有划时代的意义。20 世纪 50 年代至 60 年代初，在文化部文物局的积极推动下，全国文物部门克服困难，艰苦创业，通过法令、行政等手段，结束了一百多年来中国文物被掠夺、被破坏的历史；配合国家经济建设，组织开展第一次全国文物普查和重点文化遗址、文物建筑的发掘与保护；改建、新建了一批博物馆、纪念馆，为文物事业发展奠定了坚实的基础。

（一）文化部文物局的创建

（1949~1955 年）

新中国建立之初，满目疮痍，百废待兴，文物工作的首要任务是杜绝文物外流、制止文物破坏。文化部文物局成立后，制订文物保护法令，确立相关方针政策；逐步建立了一系列文物保护、研究机构，培养考古、古建等各类急需专业人才；组织开展了一批重点文物的调查、保护和抢救工作。

文物局机关办公地北海团城

1949年11月1日，中央人民政府文化部成立，设一厅六局。文物局是其中之一，负责指导管理全国文物、博物馆、图书馆事业。16日，中央人民政府政务院任命郑振铎为文化部文物局局长，王冶秋为副局长。图为郑振铎局长。

1950年，文物局全体工作人员在北海团城承光殿前合影。

1950年冬，文物局欢送抗美援朝六位同志合影。胸前佩花者，左起：王仁全、王守中、谢辰生、肖蕴如、刘恩湘、李枫。

1951 年 10 月，文化部文物局与科学普及局合并，成立文化部社会文化事业管理局。图为 1952 年冬，文化部社会文化事业管理局全体同志在北海团城承光殿前合影。

1954 年 2 月，文化部社会文化事业管理局机关迁至东四头条 5 号文化部内办公。

1954 年，文化部社会文化事业管理局所属北京文物整理委员会部分成员在办公地点皇堂子大殿前合影。

1955年3月，文化部文物管理局成立，主管全国文物、博物馆事业。8月，中宣部任命王冶秋为局长。图为王冶秋局长。

1956年9月，文物管理局机关随文化部迁入朝内大街203号新址办公。

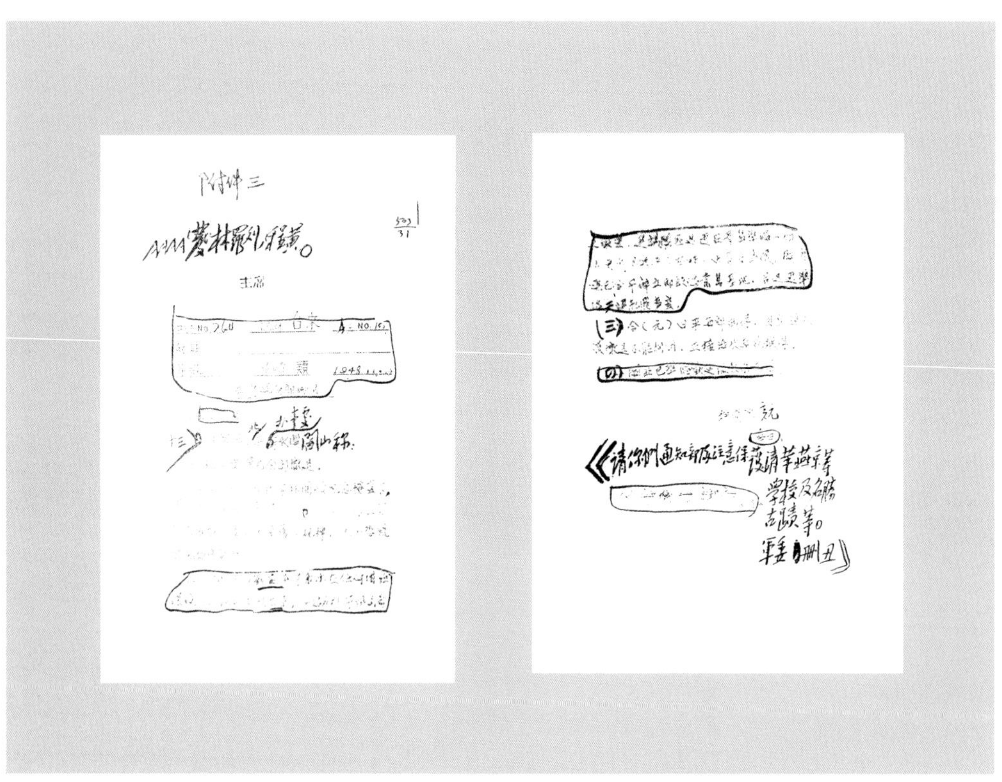

1948 年 11 月，毛泽东主席发给在前线作战的林彪、罗荣桓、刘亚楼等人的急电，要求注意保护清华、燕京等学校及名胜古迹等。

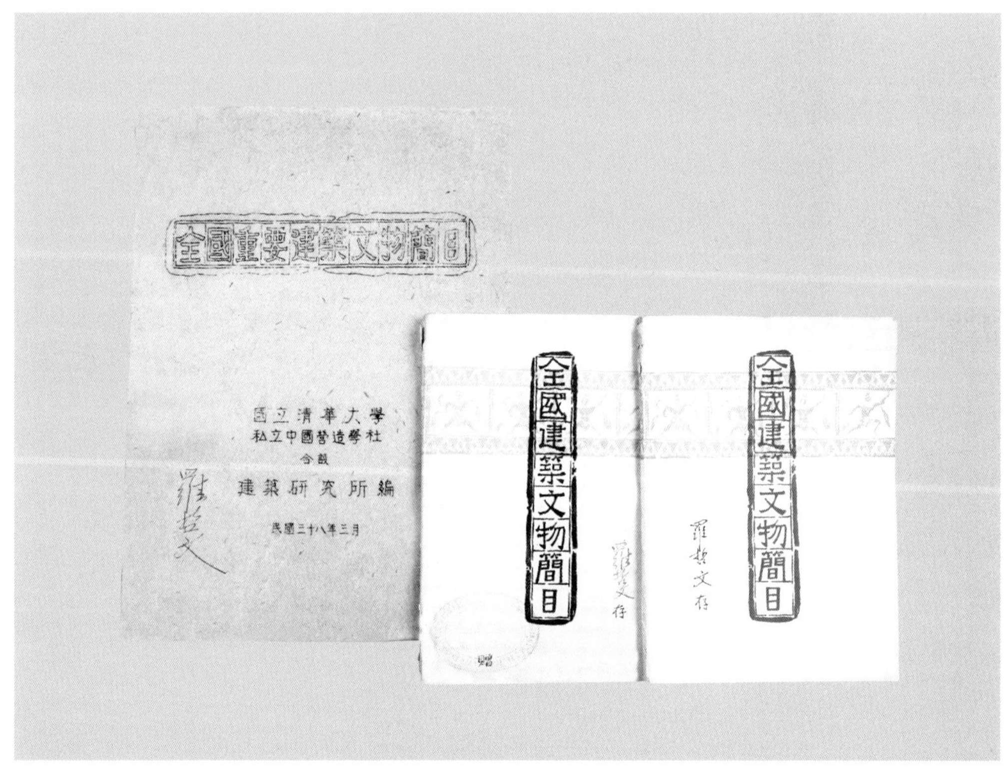

1950 年 5 月，文化部文物局针对各地古建筑遭受破坏事件，将 1949 年由梁思成主持编写的《全国重要建筑文物简目》重印，发给全国各级政府，“以便加意保护”。

失起見，特制定禁止珍貴文物圖書出口暫行辦法隨令頒發，希即轉令所屬遵照辦理爲要。

附：「禁止珍貴文物圖書出口暫行辦法」

禁止珍貴文物圖書出口暫行辦法

第一條　爲保護我國文化遺產，防止有關革命的、歷史的、文化的、藝術的珍貴文物及圖書流出國外，特製定本辦法。

第二條　下列各種類之文物圖書一律禁止出口：

（一）革命文獻及實物。

（二）古生物：古代動植物之遺跡遺骸及化石等。

（三）史前遺物：史前人類之遺物遺跡及化石等。

（四）建築物：建築物及建築模型或其附屬品。

（五）繪畫：前代畫家之各種作品，宮殿、寺廟、塚墓之古壁畫以及前代具有高度美術價值之繡繪、漆繪等。

（六）雕塑：具有高度藝術價值之浮雕、雕刻、宗教的、禮俗的雕像，以及前代金、石、玉、竹、木、骨、角、牙、陶瓷等美術雕刻。

（七）銘刻：甲骨刻辭、璽印、符契、書板之雕刻等，及古代金、石、玉、竹、木、磚、瓦等之有銘記者。

（八）圖書：具有歷史價值之簡牘、圖書、檔案、名人書法、墨蹟及珍貴之金石拓本等。

（九）貨幣：古貝、古錢幣（如刀、布、錢、錠、交鈔，票鈔等）

1950 年 5 月，政务院颁发《禁止珍贵文物图书出口暂行办法》，这是国家颁布的第一个有关保护文物的法令。

中央人民政府政務院令

一九五〇年六月十六日
政文董字第二十四號

爲徵集革命文物

中央革命博物館，業已在京成立籌備處，正式開始徵集整理工作。全國各地區對一切有關革命的文獻與實物，即應普遍徵集。近查各地已有個別進行此項工作之機構，茲爲更好的組織此項工作的進行，特規定下列辦法，希即遵照辦理，並與中央人民政府文化部文物局革命博物館籌備處取得聯繫，將辦理情形隨時通知該處爲要。

1. 革命文物之徵集，以五四以來新民主主義革命爲中心，遠溯鴉片戰爭、太平天國、辛亥革命及同時期的其他革命運動史料。

2. 凡一切有關革命之文獻與實物如：秘密和公開時期之報章、雜誌、

中央人民政府政务院关於在基本建設工程中保护歷史及革命文物的指示

（1953年10月12日（53）政文習字24号）

我國文化悠久，歷代人民所創造的文物、建筑遍布全國，其中並有很大部分埋藏地下，尚未發掘。这些文物与建筑，不但是研究我國歷史与文化的最可靠的实物例証，也是对廣大人民進行爱國主义教育的最具体的材料，一旦被毁，即为不可弥补的损失。現在全國各地正展开大規模的基本建設工程，各工程地区已不断發現古墓葬、古文化遺址，並已掘出了不少古代的珍貴文物。在地面上，亦有在建設工程中拆除若干古建筑或革命紀念建筑的情况。因此，对於这些地下、地上的文物、建筑等如何及时做好保护工作，並保証在基本建設工程中不致遭受破坏和损失，实为目前文化部門和基

中央人民政府政务院先后发布《为征集革命文物》令、《关于在基本建设工程中保护历史及革命文物的指示》。

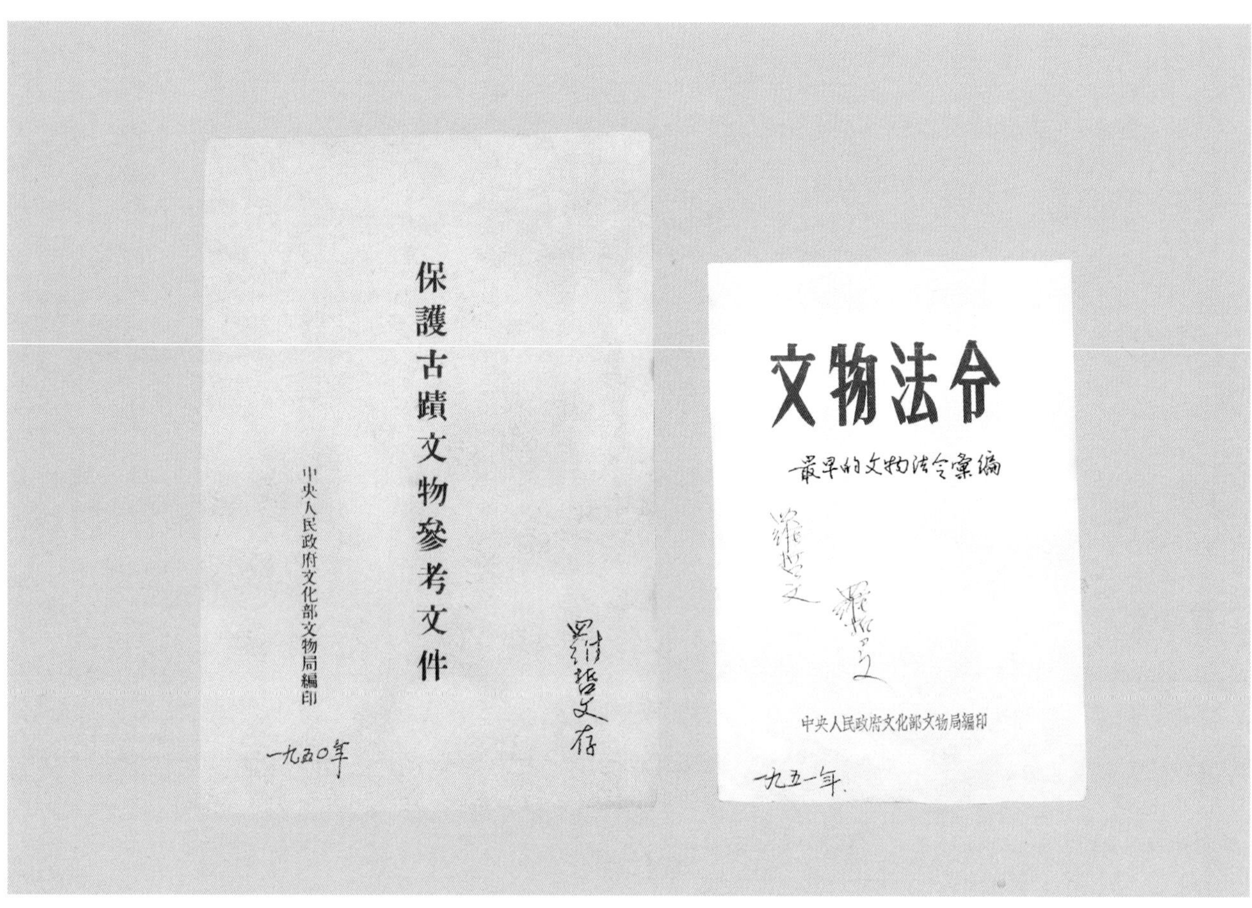

文化部文物局编印的《保护古迹文物参考文件》、《文物法令》。

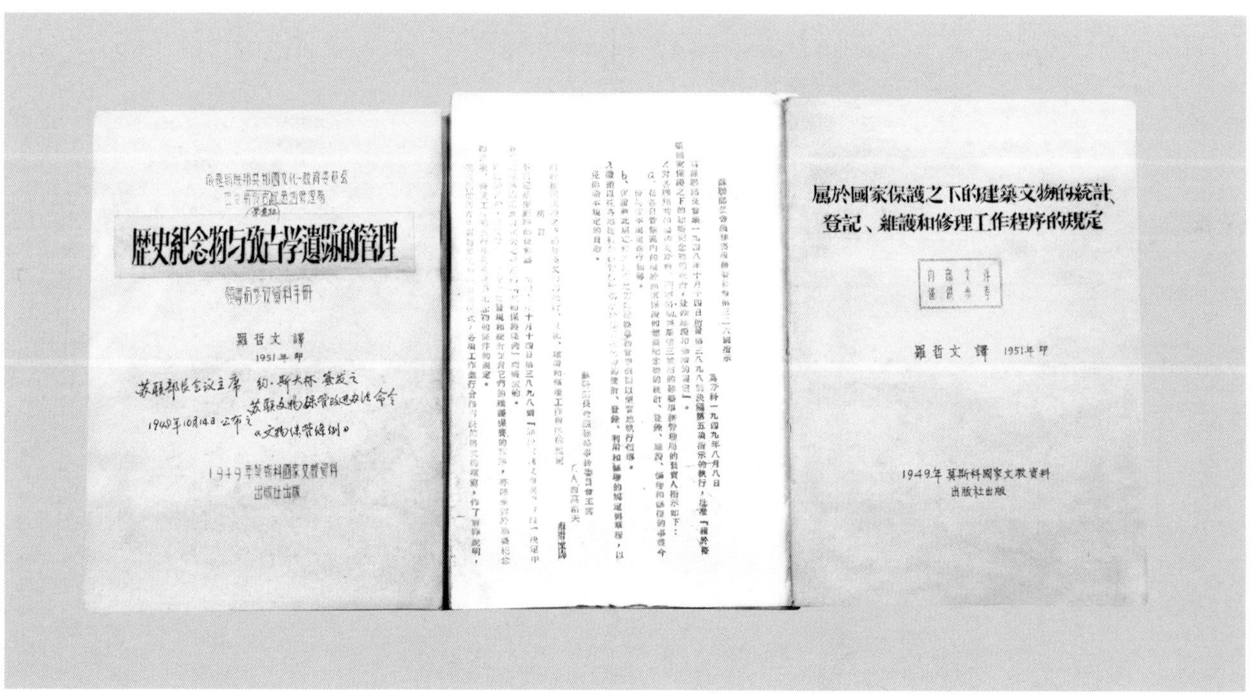

罗哲文翻译的关于苏联文物保护工作的书籍资料。

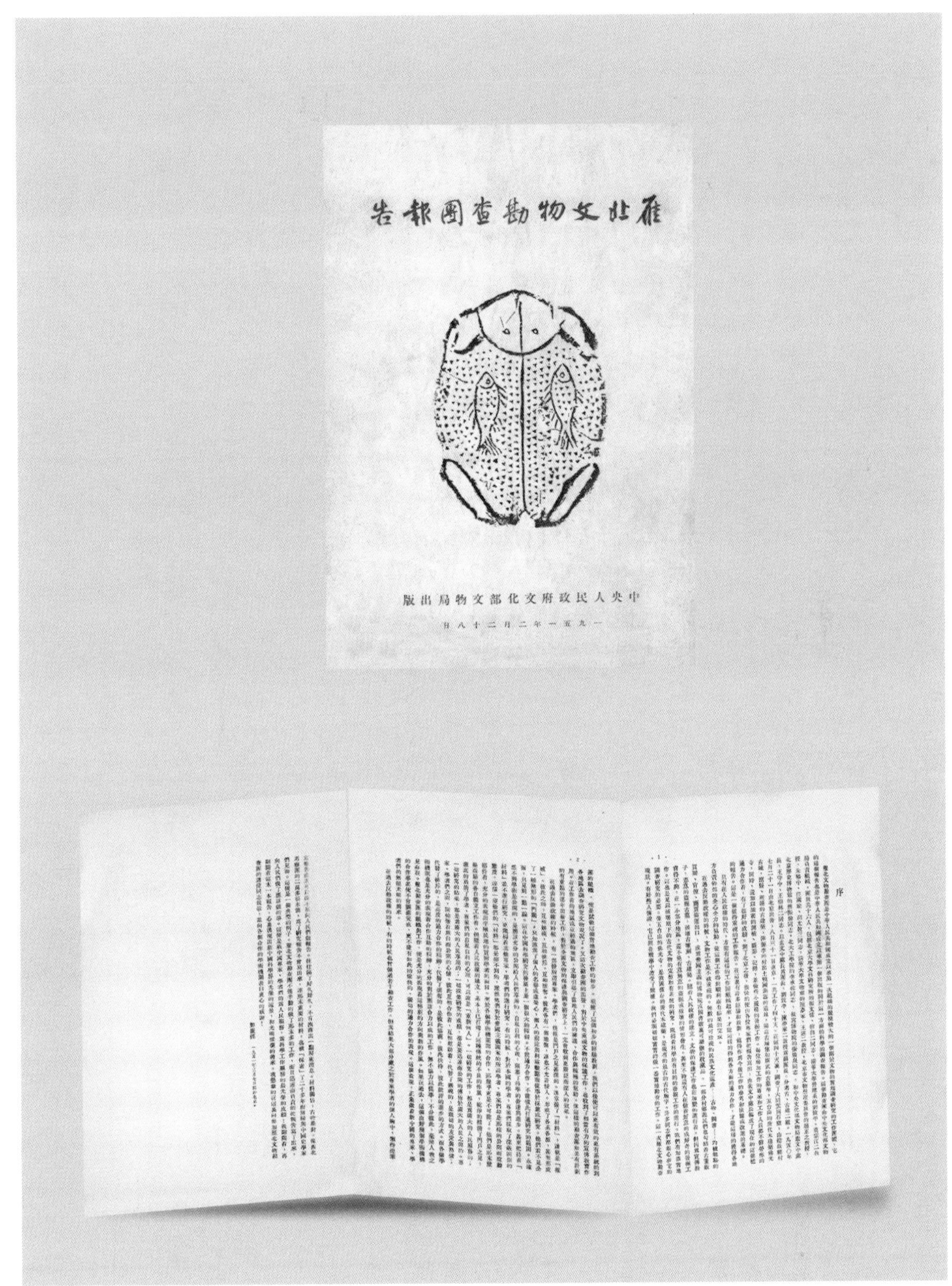

1950 年 7 月，文化部文物局组织雁北文物勘查团，对山西山阴县南的广武城北汉墓群进行调查，并出版《雁北文物勘查团报告》一书。郑振铎为该书作序《重视文物的保护、调查、研究工作》。

为配合国家大规模基本建设，中央提出“重点保护，重点发掘，既对文物保护有利，又对基本建设有利”的“两重两利”方针。郑振铎专门撰写《基本建设与古文物保护工作》小册子，广泛普及宣传。

1950 年，由郑振铎主持，北京文物整理委员会编写的《北京文物建筑等级初评表》。

1947 年至 1951 年间，郑振铎编辑印行了《中国历史参考图谱》。该书共 24 辑，收录了从上古、殷商到明清，共 3000 多幅图片，填补了中国历史教科书有文无图的空白。

从 1950 年起，文化部文物局先后主持完成北京及全国各地重点古建筑的修缮保护工程数十项。图为北京历代帝王庙修缮工程。

1950 年 4 月，中国科学院考古队在河南安阳恢复中断 13 年的殷墟考古发掘工作，发掘了武官村大墓，出土虎纹石磬等一批珍贵文物。

1954 年 4 月，文化部社会文化事业管理局、中国科学院考古研究所等单位联合组成考古工作队，开始勘察洛阳东周王城、汉魏故城，同时发掘了东汉时期的河南县城遗址。图为发掘的汉魏洛阳城圆形建筑遗址。

1955 年，郑振铎等考察十三陵。
左起：朱欣陶、郑振铎、罗哲文。

1953年，文化部社会文化事业管理局有关部门专家考察河北赵州桥时在赵县县政府前合影。

1951年6月至9月，文化部文物局组织专家对甘肃省敦煌莫高窟进行全面勘察，提出保护维修方案。国务院拨出专款，分四期对莫高窟进行大规模维修加固。

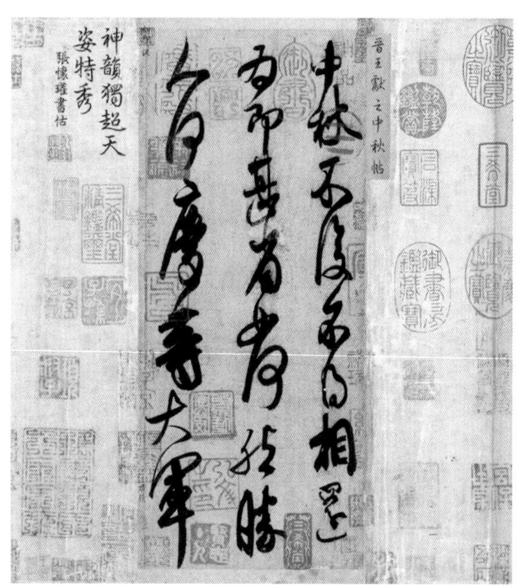

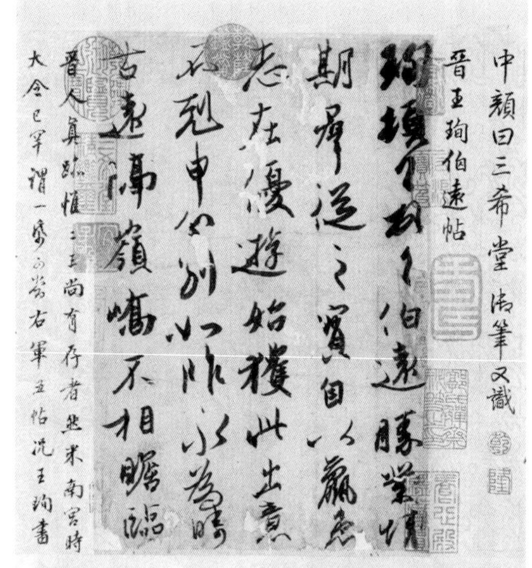

1951 年 11 月，根据周恩来总理批示，王冶秋等人经澳门辗转赴香港，赎回清宫国宝《中秋帖》、《伯远帖》。图为《中秋帖》（左）和《伯远帖》（右）。

1954 年 5 月，文化部社会文化事业管理局主办的“全国基本建设工程中出土文物展览”在故宫开幕。展览展出新中国成立以来全国基本建设中出土的 3760 件文物，并编辑出版了《全国基本建设工程中出土文物展览图录》。

自1949年起，各界人士出于对新中国的热爱，纷纷捐献珍贵文物。图为1951年，郭沫若、郑振铎等参加熊述匋文物捐献仪式。左起：郑振铎、马衡、王冶秋、郭沫若、熊述匋、周扬、沈雁冰、丁西林

① 

② 

③ 

④ 

⑤ 

⑥ 

文化部社会文化事业管理局相继从香港购回五代顾闳中《韩熙载夜宴图》、五代董源《潇湘图》、唐韩滉《五牛图》、宋马远《踏歌图》、宋米友仁《云山图》、宋赵孟坚《墨兰图》等珍贵文物。图为《韩熙载夜宴图》（①～④）、《五牛图》（⑤、⑥）。

针对各地缺乏文博专业队伍的现实，1952 年 8 月，文化部社会文化事业管理局、中国科学院考古研究所和北京大学联合举办的第一期考古人员训练班开学。该训练班自 1952 年至 1955 年，每年举办一期，共办四期，学员 341 人。他们中的许多人，后来成为新中国文博、考古事业的骨干力量和领导人。图为 1952 年第一期考古训练班学员合影。

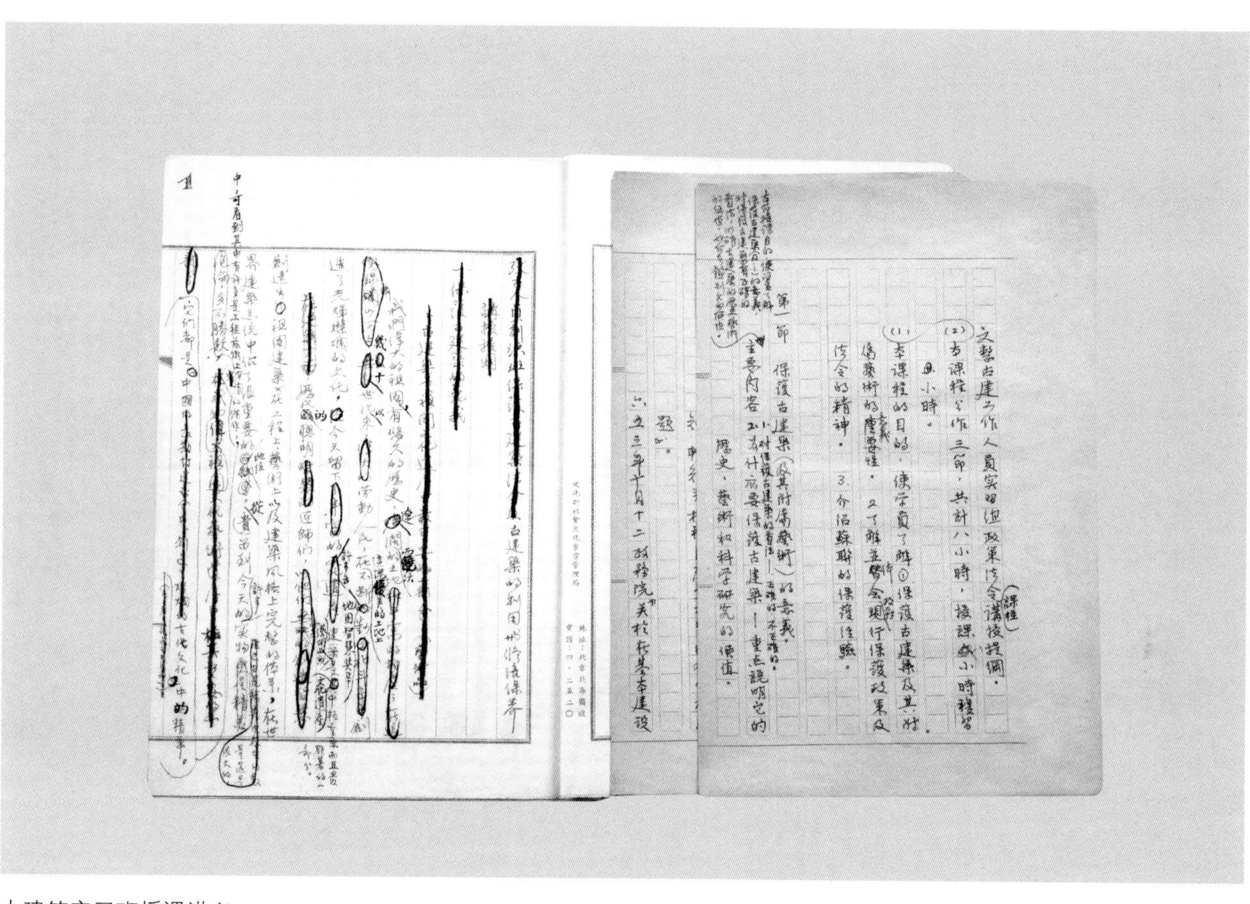

古建筑实习班授课讲义。

考古人员训练班办公室制定的《考古人员训练班教学计划》。

第二期考古人员训练班西北地区学员在北海合影。

1952 年 10 月，文化部社会文化事业管理局责成北京文物整理委员会举办第一期古建筑培训班。其后，1954 年 2 月、1964 年 4 月、1980 年 9 月又举办了三期，培养学员 127 人。结业后，学员大部分回原部门从事文物保护研究工作，成为古建筑保护工作的骨干力量。图为第一届古建筑实习班毕业合影。

第二届古建筑实习班结业合影。

建国初期，文化部文物管理局多次派出人员到东欧国家学习文物保护技术。图为胡继高(左2)、王丹华（左4）在波兰。

1949 年 3 月，北平市军事管制委员会正式接管故宫博物院。11 月，将故宫博物院移交文化部管理。图为故宫乐寿堂维修工程工人合影。

1950 年 3 月，中央革命博物馆筹备处在北京团城成立，王冶秋兼任筹备处主任。图为 1954 年元旦，筹备处全体工作人员在咸安门前合影。

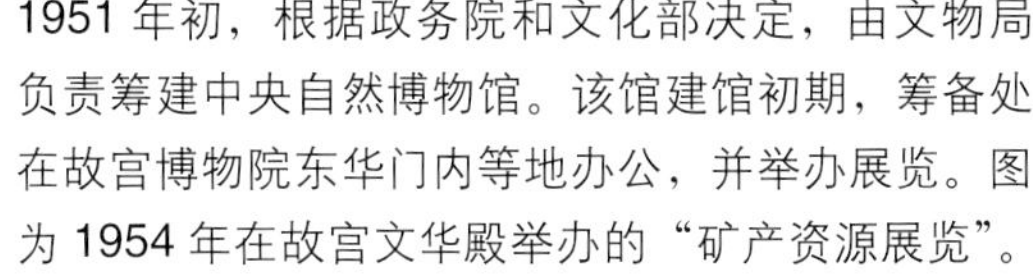

1951 年初，根据政务院和文化部决定，由文物局负责筹建中央自然博物馆。该馆建馆初期，筹备处在故宫博物院东华门内等地办公，并举办展览。图为 1954 年在故宫文华殿举办的“矿产资源展览”。

1955 年夏，中国博物馆工作代表团访问苏联。图为代表团成员在莫斯科大学。

1953 年 9 月，中国猿人陈列馆在北京房山周口店遗址旁建成开馆。图为 1955 年 5 月，党和国家领导人刘少奇(左 3)、朱德(左 1)、董必武（左 4）等参观遗址及陈列馆。

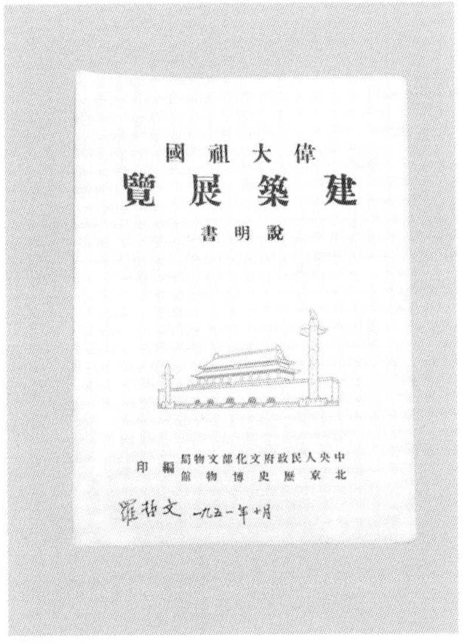
偉大祖國
建築展覽
說明書

中央人民政府文化部文物局
北京歷史博物館
編印

羅哲文 一九五一年十月

新中国成立之初，文化部文物局相继在北京历史博物馆举办伟大祖国艺术展览、敦煌艺术展览、伟大祖国建筑展览、从猿到人陈列等。这是当时印发的展览说明书。

社會文化工作參考資料（一）

關於地誌博物館科學研究、蒐集、陳列與文化教育工作基本條例

贈閱

中央人民政府文化部社會文化事業管理局翻印

1952 年，文化部社会文化事业管理局组织翻译苏联出版的地志博物馆具有工作经验总结性质的文件，印发全国各地文博机构学习参考。这是其中的文件之一。

1954 年 8 月，文化部确定山东省博物馆为全国地志博物馆试点单位。社会文化事业管理局先后调集黑龙江、浙江、江苏等地博物馆工作人员到该馆参加筹备陈列工作。1956 年 2 月，山东省博物馆向社会开放，这是新中国成立后建立的第一个完成地志陈列的省级博物馆。

新中国成立后，纪念性博物馆和专门性博物馆得到发展。广州农民运动讲习所纪念馆、杜甫草堂纪念馆、遵义会议纪念馆等先后建立起来。到 1955 年底，全国已有专门性博物馆 13 所、纪念性博物馆 11 所。图为广州农民运动讲习所纪念馆（上）、遵义会议纪念馆（下）。

（二）文物保护管理体系的初步建立

（1956~1965 年）

随着社会主义建设全面开展，文物事业也进入平稳发展时期。1956 年，开展了第一次全国文物普查。1961 年，是新中国文物事业发展的重要一年。《文物保护管理暂行条例》和第一批全国重点文物保护单位的公布，成为具有里程碑意义的两件大事。

截至 20 世纪 60 年代中期，在党中央、国务院及各级党委、人民政府的领导和支持下，文化部文物局带领全国文物工作者不懈努力，相继建立了文物管理机构，文物保护法规制定、考古与文物维修、博物馆和专业队伍建设逐步展开，文物保护管理体系初见端倪。

國务院关於在農業生產建設中保护文物的通知

（1956年4月2日國二文習字第6号）

各省、自治区、直轄市人民委員会：

在全國農業生產的高潮中，打井、开渠、挖塘、修垻、开荒、筑路、平整土地等各項農業建設，正在迅速而廣泛地進行。由於我們歷史悠久，被保存在地上地下的革命遺迹、古代文化遺址、古墓葬、古建筑、碑碣、古生物化石遍布全國。其中有許多是非常珍貴的，是对我國歷史和文化進行科学研究最宝貴的資料，也是向廣大人民進行愛國主义教育最有力的实物例証。但是目前有些地区在上述建設过程中已經發生了破坏文物的嚴重情况。地方各級人民委員会必須在既不影响生產建設、又使文物得到保护的原則下，採取緊急措施，大力宣傳，在農業生產建設中开展羣众性的文物保护工作。

1956 年 4 月，国务院发布《关于在农业生产建设中保护文物的通知》，重申“重点保护，重点发掘，既对文物保护有利，又对基本建设有利”的“两重两利”原则，并第一次提出了文物普查和建立文物保护单位的要求。

省、自治区、直辖市	文物保护单位数量	省、自治区、直辖市	文物保护单位数量
北京市	39	江苏省	166
天津市	4	安徽省	71
上海市	128	浙江省	203
河北省	215	福建省	56
山西省	850	河南省	620
内蒙古自治区	63	湖北省	102
辽宁省	104	湖南省	73
吉林省	36	江西省	94
黑龙江省	6	广东省	218
陕西省	116	广西省	15
甘肃省	279	四川省	61
青海省	12	贵州省	21
新疆维吾尔自治区	79	云南省	309
山东省	1632	总计	5572

1956 年，开展了第一次全国文物普查工作。各省、自治区、直辖市对本地区文物古迹进行全面清点，其中 27 个省、自治区、直辖市初步公布了第一批“文物保护单位名单”，共计 5572 处，为第一批全国重点文物保护单位的确立打下了基础。

1956 年，由文化部文物管理局编印的《有关文物工作法令指示手册》。

国务院关于进一步加强文物保护和管理工作的指示

各省、自治区、直辖市人民委员会，各部、各委员会，国务院各办公室、各直属机构，中国科学院：

我国是一个历史悠久而又富于革命传统和优秀遗产的国家，保存在地上地下的遗迹、遗址、遗物遍于全国，极为丰富。解放以前，由于帝国主义者和反动统治阶级的掠夺和破坏，使我国历史文化遗产遭受不少的损失。建国以来，在中国共产党和人民政府的领导下，采取了一系列的措施，进行了历史上从未有过的文物保护工作，并且通过陈列、展览等活动，向广大人民进行了革命传统教育和爱国主义教育，为科学研究提供了丰富的资料，成绩是很大的。为了进一步加强文物保护和管理工作，现在根据几年来在实际工作中积累的经验，结合当前国家的具体情况，制定了"文物保护管理暂行条例"，公布了第一批全国重点文物保护单位名单。现在再作以下几点指示：

一、文物保护工作是一项重要工作，我国丰富的革命文物和历史文物，是世界人类进步文化的宝贵财产，切实保护这些文物，对于促进我国的科学研究和社会主义文化建设，以及向广大人民进行革命传统教育和爱国主义教育，起着重要的作用，因此，各级人民委员会必须认真贯彻执行"文物保护管理暂行条例"，凡是具有历史、艺术、科学价值的文物，都应当妥善保护，不使遭受破坏和损失。文化部和各省、自治区、直辖市人民委员会还应当本着重点保护、重点发掘，既对基本建设有利，又对文物保护有利的方针，根据当地具体情况采取有效措施，进一步加强对文物保护工作的领导。

二、文物保护工作必须坚持勤俭办事业的原则，对于革命纪念建筑和古建筑，主要是保护原状，防止破坏，除少数即将倒塌的需要加以保固修缮以外，一般以维持不塌不漏为原则，不要大兴土木。保护文物古迹工作的本身，也是一件文化艺术工作，必须注意尽可能保持文物古迹的原状，不应当大拆大改或者将附近环境大加改变，那样做既浪费了人力、物力，又改变了文物的历史原貌，甚至弄得面目全非，实际上是对文物古迹的破坏。

三、各级人民委员会对于这次公布的第一批全国重点文物保护单位和地方原来公布的各级文物保护单位，必须做好保护和管理工作。此外，还应当继续通过调查了解，对于尚未经公布的革命遗址、纪念建筑物、古建筑、石窟寺、石刻、古文化遗址、古墓葬，特别是关系中国共产党党史、革命史的遗址、遗迹，加以适当选择，公布为省（自治区、直辖市）级或县（市）级文物保护单位，加强保护工作。

文化部应当继续选择其中价值重大者作为全国重点文物保护单

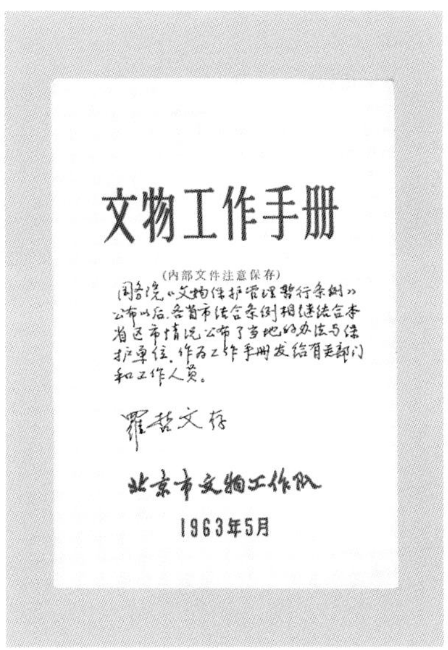

1961 年 3 月，国务院印发《关于进一步加强文物保护和管理工作的指示》，明确要求文物工作要贯彻"两重两利"的方针。据此，国家文物主管部门确立了考古发掘工作必须以配合基本建设为主的具体工作方针。

1963 年，北京市文物工作队印发的《文物工作手册》。

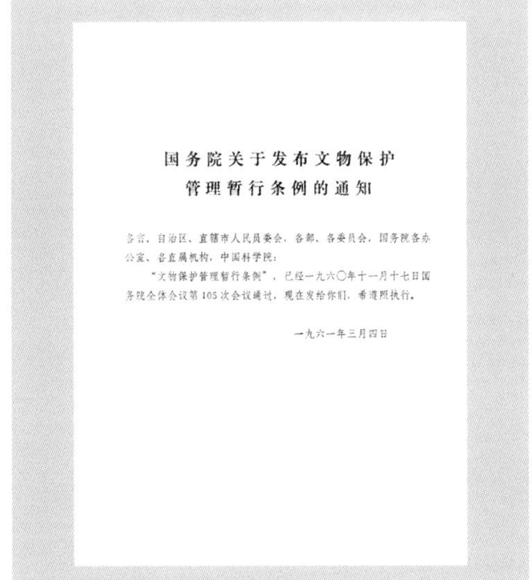

国务院关于发布文物保护管理暂行条例的通知

各省、自治区、直辖市人民员委会，各部、各委员会，国务院各办公室、各直属机构，中国科学院：

"文物保护管理暂行条例"，已经一九六〇年十一月十七日国务院全体会议第 105 次会议通过，现在发给你们，希遵照执行。

一九六一年三月四日

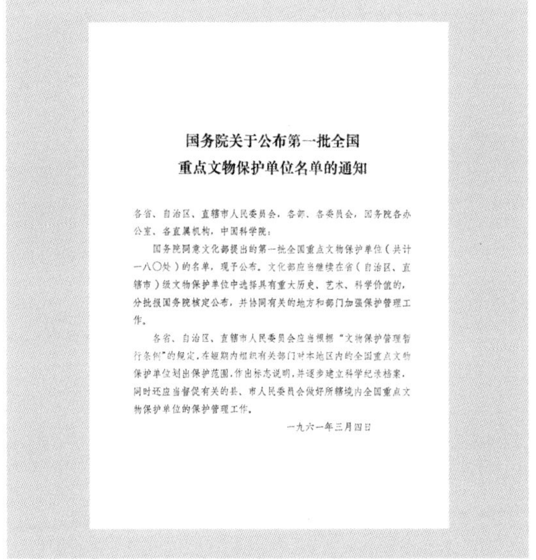

国务院关于公布第一批全国重点文物保护单位名单的通知

各省、自治区、直辖市人民委员会，各部、各委员会，国务院各办公室、各直属机构，中国科学院：

国务院同意文化部提出的第一批全国重点文物保护单位（共计一八〇处）的名单，现予公布。文化部应当继续在省（自治区、直辖市）级文物保护单位中选择具有重大历史、艺术、科学价值的，分批报国务院核定公布，并协同有关的地方和部门加强保护管理工作。

各省、自治区、直辖市人民委员会应当根据"文物保护管理暂行条例"的规定，在短期内组织有关部门对本地区内的全国重点文物保护单位划出保护范围，作出标志说明，并逐步建立科学纪录档案，同时还应当督促有关的县、市人民委员会做好所辖境内全国重点文物保护单位的保护管理工作。

一九六一年三月四日

1961 年 3 月，国务院印发《关于发布 <文物保护管理暂行条例> 的通知》，规定文物保护的对象、范围以及文物古建筑在进行修缮、保养的时候，必须严格遵守恢复原状或者保存现状的原则，提出文物保护单位应有保护范围、标志说明、记录档案、保管机构（即"四有"），为我国文物保护法律体系的建立奠定了基础。

1961 年 3 月，国务院印发《关于公布第一批全国重点文物保护单位名单的通知》，公布第一批全国重点文物保护单位共 180 处。首次对"文物保护单位"的内容进行界定，并选择重要文物，根据其价值大小，报人民政府核定公布为全国重点文物保护单位、省级文物保护单位和县（市）级文物保护单位。这标志着我国对不可移动文物所实行的文物保护单位制度得以确立。

1956年冬至1957年春，为配合三门峡水利工程建设，文化部、中国科学院考古研究所合组的黄河水库考古工作队在河南三门峡上村岭南部，清理发掘200多座西周末至春秋早期的虢国墓葬，出土各类珍贵文物，成为当时轰动国内外考古界的重大成果。

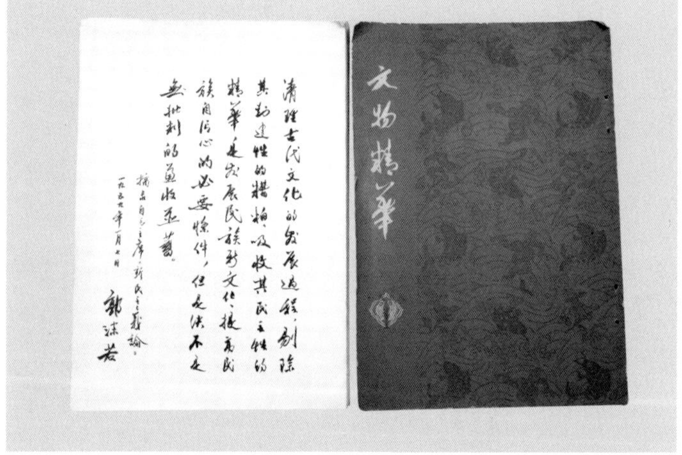

1959年，文物精华编辑委员会创刊出版《文物精华》，及时发表考古调查和文物研究中的最新成果。

1959年8月，为配合三门峡水利枢纽工程，主要由古代建筑修整所承担的山西永乐宫迁建工程正式开工，到1965年，工程胜利告竣。这是中国首次完成一处建筑群的整体搬迁。

永乐宫整体迁建场景。

永乐宫整体迁建工程揭取壁画工作人员合影。

1956年，党中央发出“向科学进军”的号召。5月，文化部在北京召开第一次全国博物馆工作会议。会议中心内容是，配合向科学进军，加强博物馆科学研究工作。会议提出博物馆的基本性质是“科学研究机关、文化教育机关、物质文化和精神文化遗存以及自然标本的收藏所”；基本任务是“为科学研究服务，为广大人民群众服务”，简称“三性二务”。图为出席会议的代表合影。

社論

發展博物館事業，为科学研究和广大人民服务

朝鮮民主主义人民共和国

譴責美方拒絕召开討論朝鮮

亞非学生会議举行第一次正式会議

为配合第一次全国博物馆工作会议的宣传，1956 年 6 月，《人民日报》发表社论《发展博物馆事业，为科学研究和广大人民服务》。

1957 年 4 月，文化部文物管理局在长沙举行第一次全国纪念性博物馆工作座谈会，进一步明确了纪念性博物馆的发展方向，提出今后应本着勤俭办博物馆的方针，有重点地逐步发展小型多样、丰富多彩的纪念馆，对广大人民进行革命教育，普及历史知识。图为与会代表合影。

1958 年 9 月 17 日，毛泽东主席视察安徽省博物馆，指示说："一个省的主要城市，都应该有这样的博物馆。人民认识自己的历史和创造的力量，是一件很要紧的事。"

1959年，为迎接建国10周年，北京新建中国历史博物馆、中国革命博物馆、中国人民革命军事博物馆。图为建设中和落成后的中国人民革命军事博物馆。

文化部文物管理局调集全国专家力量进行中国历史博物馆、中国革命博物馆陈列的筹备。1961年7月，中国历史博物馆“中国通史陈列”、中国革命博物馆革命史陈列同时开放。

国家主席刘少奇陪同外宾参观中国革命博物馆革命史陈列。

革命史陈列开放前，中国革命博物馆部分同志合影。

排除干扰　曲折前进

PAICHUGANRAO QUZHEQIANJIN

1966~1977年

二、排除干扰　曲折前进

（1966~1977 年）

“文革”初期，文化部图博文物事业管理局被迫停止工作。在周恩来总理的亲自关怀和决策下，国务院先后成立图博口领导小组和国家文物事业管理局，使中辍与瘫痪一时的文物管理工作逐步得到部分恢复。出土文物出国展览促进我国外交取得重大突破，进一步巩固了文物工作恢复不久的有利局面。

“文革”中，文化部图博文物事业管理局被迫停止工作，工作人员下放“五七”干校参加劳动。图为部分职工在湖北咸宁文化部“五七”干校的合影。

古代建筑修整所同志在湖北咸宁火车站下车赴“五七”干校。

1970 年 5 月，根据周恩来总理指示，成立图博口领导小组，由国务院办公室直接领导；1973 年 2 月，国务院业务组会议决定，撤销图博口领导小组，成立国家文物事业管理局，并建立临时党委。图为图博口领导小组及国家文物事业管理局办公地北大红楼。

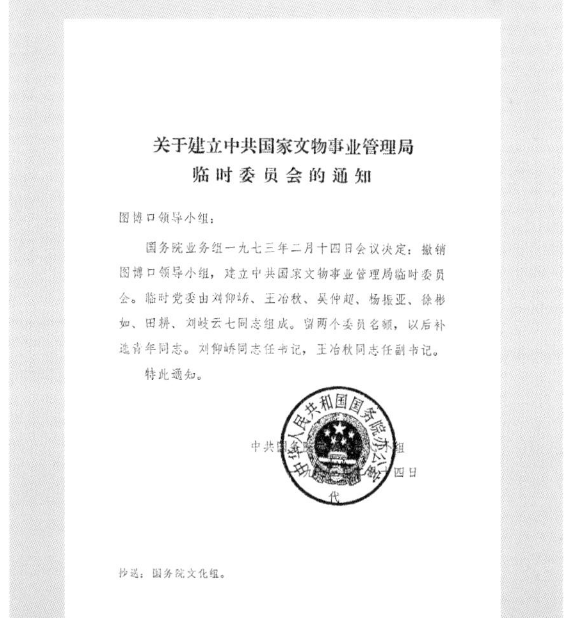

关于建立中共国家文物事业管理局
临时委员会的通知

图博口领导小组：

国务院业务组一九七三年二月十四日会议决定：撤销图博口领导小组，建立中共国家文物事业管理局临时委员会。临时党委由刘仰峤、王冶秋、吴仲超、杨振亚、徐彬如、田耕、刘岐云七同志组成。留两个委员名额，以后补选青年同志。刘仰峤同志任书记，王冶秋同志任副书记。

特此通知。

中共国……组
……四日

抄送：国务院文化组。

1973 年，中共国务院办公室核心小组向图博口领导小组发布的《关于建立中共国家文物事业管理局临时委员会的通知》。

北大红楼抢险抗震加固工程开始后，国家文物事业管理局迁至故宫慈宁宫办公。1980 年 1 月，局机关迁回红楼。

局机关在故宫时的办公地慈宁宫。

局机关部分工作人员在慈宁宫前合影。

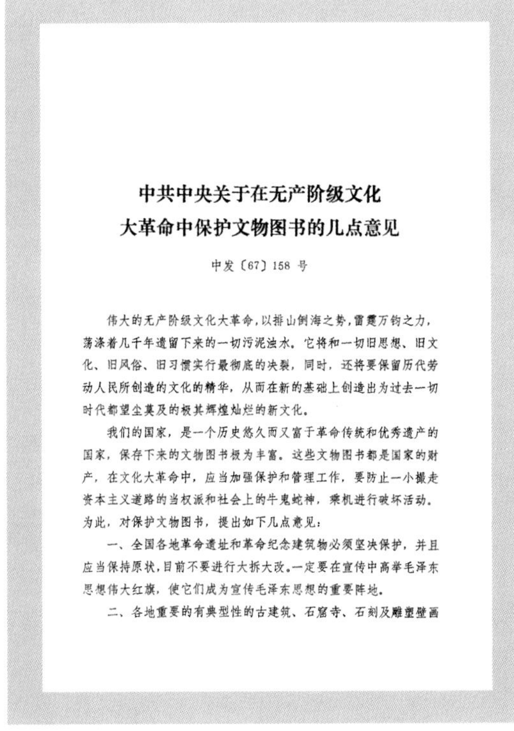

中共中央关于在无产阶级文化大革命中保护文物图书的几点意见

中发〔67〕158 号

伟大的无产阶级文化大革命，以排山倒海之势，雷霆万钧之力，荡涤着几千年遗留下来的一切污泥浊水。它将和一切旧思想、旧文化、旧风俗、旧习惯实行最彻底的决裂，同时，还将要保留历代劳动人民所创造的文化的精华，从而在新的基础上创造出为过去一切时代都望尘莫及的极其辉煌灿烂的新文化。

我们的国家，是一个历史悠久而又富于革命传统和优秀遗产的国家，保存下来的文物图书极为丰富。这些文物图书都是国家的财产，在文化大革命中，应当加强保护和管理工作，要防止一小撮走资本主义道路的当权派和社会上的牛鬼蛇神，乘机进行破坏活动。为此，对保护文物图书，提出如下几点意见：

一、全国各地革命遗址和革命纪念建筑物必须坚决保护，并且应当保持原状，目前不要进行大拆大改。一定要在宣传中高举毛泽东思想伟大红旗，使它们成为宣传毛泽东思想的重要阵地。

二、各地重要的有典型性的古建筑、石窟寺、石刻及雕塑壁画

1967 年 5 月，中共中央发布《关于在无产阶级文化大革命中保护文物图书的几点意见》。这个文件对文化大革命中的文物保护工作起了重要的作用。

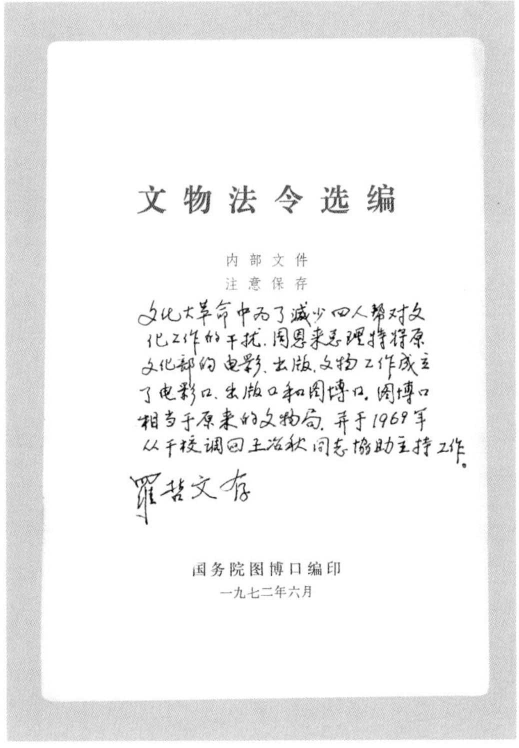

文物法令选编

内部文件
注意保存

文化大革命中为了减少四人帮对文化工作的干扰，周恩来总理特将原文化部的电影、出版、文物工作成立了电影口、出版口和图博口，图博口相当于原来的文物局，并于1969年从干校调回王冶秋同志协助主持工作。

罗哲文存

国务院图博口编印
一九七二年六月

“文革”中，国务院图博口领导小组编印《文物法令选编》，书中收录了中共中央、国务院关于文物保护工作的重要文献。

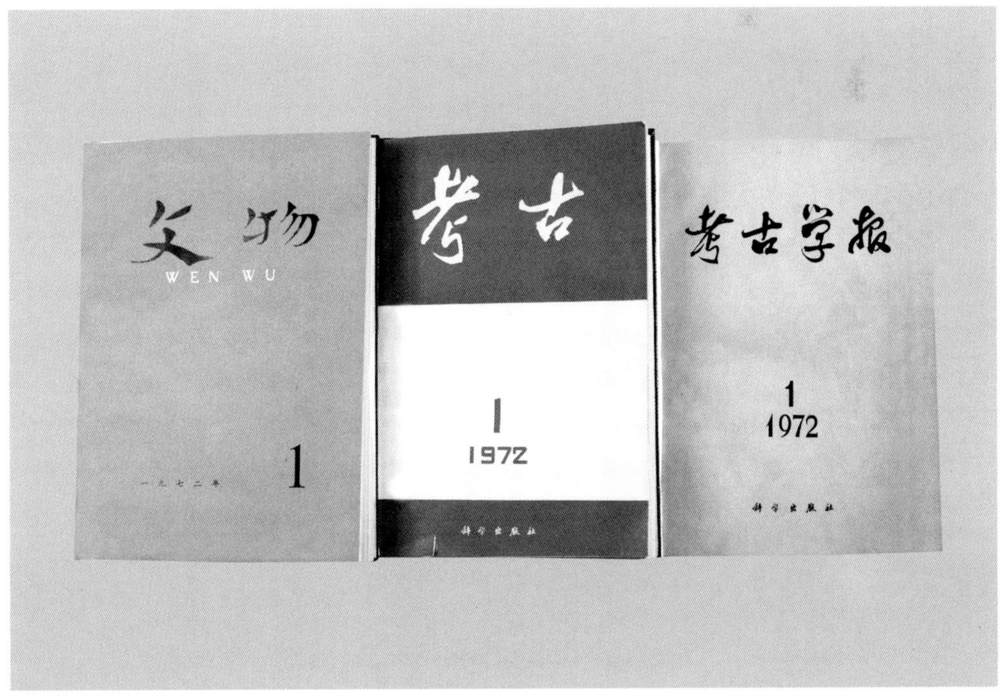

1972 年，在周恩来总理的关心下，《文物》、《考古》、《考古学报》三种杂志复刊出版。图为复刊后的三种杂志。

1972 年 4 月，长沙马王堆一号汉墓出土帛书、帛画、丝织品，及保存完好的墓主人尸体。图为马王堆一号汉墓发掘现场。

王冶秋陪同时任湖南省委书记的华国锋观看马王堆女尸解剖。

在长沙马王堆汉墓发掘中，首次集中全国最高水平的考古与科技专家联合攻关，完成了对帛画、简牍、丝织品、漆器的提取和保护。图为脱水修复后的漆壶。

1974 年 6 月，根据中央领导批示，王冶秋局长派专人与陕西省有关方面商定，由陕西省报请国务院和国家文物事业管理局批准，成立考古发掘领导小组，于当年 7 月开始发掘秦始皇陵兵马俑一号坑。图为考古工作者清理陶俑。

秦始皇陵兵马俑一号坑。

1974年6月至1978年初，国家文物事业管理局组织专家学者，成立银雀山汉墓竹简、马王堆汉墓帛书、吐鲁番文书、睡虎地秦墓竹简、居延汉简等5个整理小组。图为被调集的古文献专家们在北大红楼工作室开展研究工作。

由专家整理，文物出版社出版的《睡虎地秦墓竹简》、《银雀山汉墓竹简》、《吐鲁番出土文书》。

1973 年 9 月，周恩来总理陪同法国总统蓬皮杜参观山西大同云冈石窟时，指示国家文物事业管理局妥善处理云冈石窟第五窟崖顶岩块脱落险情。

为落实周恩来总理的指示精神，1974 年，国家文物事业管理局启动云冈石窟“三年抢险加固工程”。图为云冈石窟维修工程施工现场。

1976 年 9 月，云冈石窟“三年抢险加固工程”竣工验收。图为王冶秋局长、彭则放副局长等与参加工程的同志合影。

1976年唐山大地震后，国家文物事业管理局从文物保护科学技术研究所、中国历史博物馆和河北省、北京市、天津市的文物考古部门抽调文物考古专业干部组成地震对文物损害调查组。1977年冬，组织工程技术人员对全国重点文物保护单位北京大学红楼进行抢险抗震加固工程。

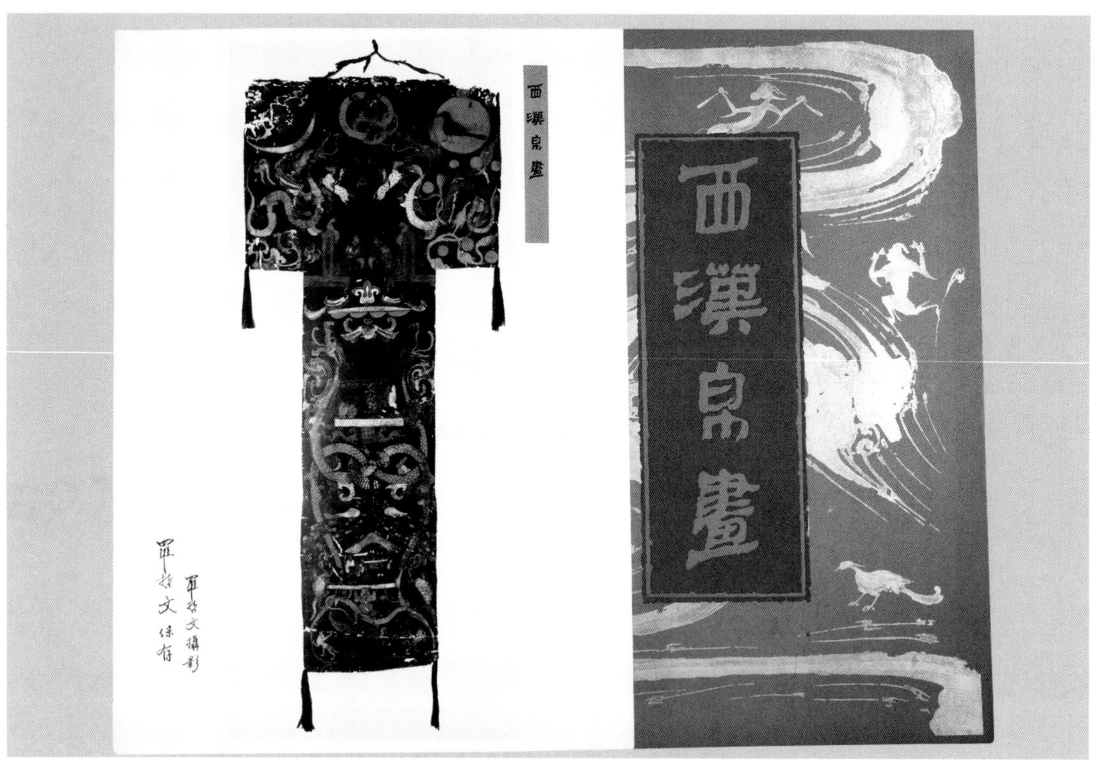

1972 年，文物出版社出版了长沙马王堆《西汉帛画》。日本首相田中角荣访华期间，毛泽东主席将此书作为礼品赠送给他。

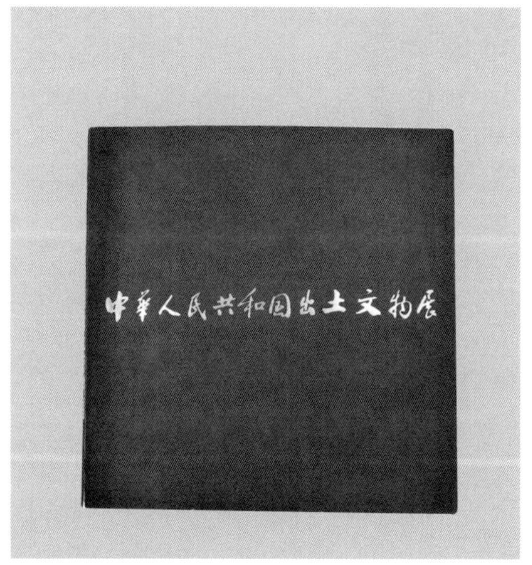

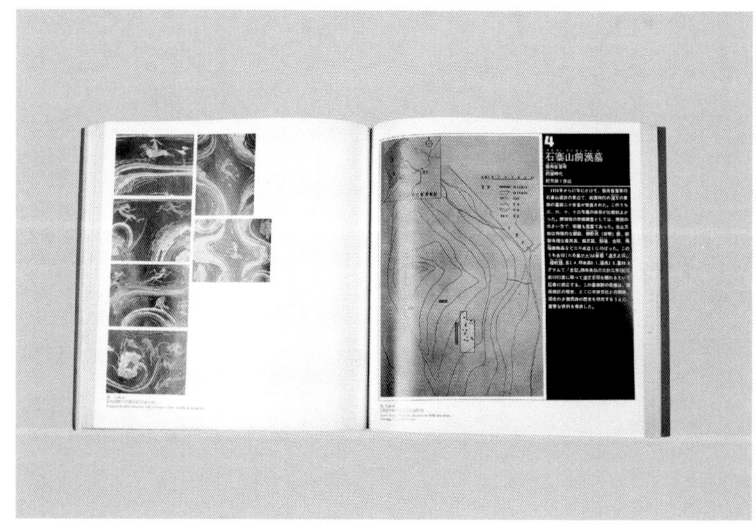

为纪念中日邦交正常化一周年，1973 年 6 月至 9 月，“中华人民共和国出土文物展”先后在日本东京、京都举办。这是当时出版的图录。

1973 年 5 月，“中华人民共和国出土文物展览”在法国巴黎开幕。“文物外交”为实现中国外交突破做出了历史性贡献。展览在日本、罗马尼亚、奥地利、南斯拉夫、美国等国相继展出，历时 3 年半。

“中华人民共和国出土文物展览”在巴黎展出时，法国观众步入展厅。

“中华人民共和国出土文物展览”在美国华盛顿展出期间，观众排队参观。

在英国伦敦展出时，王冶秋局长向英国首相希斯介绍展品。

1973 年，国家文物事业管理局领导与展览筹备人员合影。

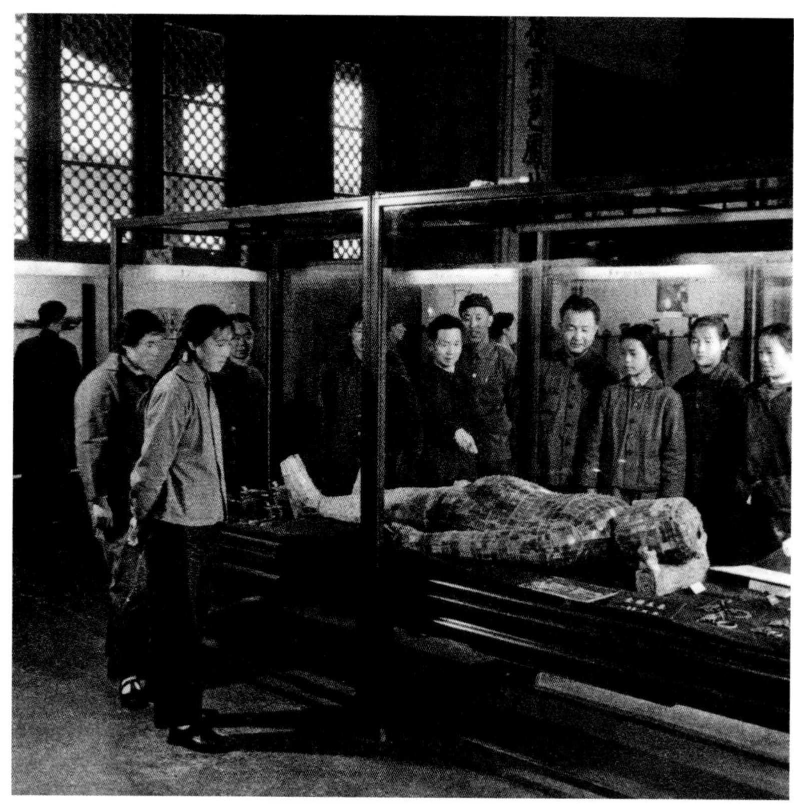

在周恩来总理等中央领导的关怀下，1971年7月，图博口领导小组在故宫博物院举办“无产阶级文化大革命期间出土文物展览”。图为观众参观展览。

故宫简介

在当时社会条件下，能建造这样高大雄伟的建筑群，充分反映了我国古代劳动人民的高度智慧和创造才能，在建筑史上具有十分重要的地位，是祖国珍贵的文化遗产。（图一、图二）

图二　紫禁城角楼之一

但是，这座皇宫是按照封建统治者的反动政治意图修建的，因此，整个宫殿的设计和布局都表现了封建君主的所谓“尊严”和封建等级制度。

故宫建筑主要分前后两大部分。前部以太和、中和、保和三大殿为中心，文华、武英两殿为两翼，是封建皇帝行使反动权力的主要场所；后部有乾清宫、交泰殿、坤宁宫及东、西六宫等，是封建皇帝进行日常统治活动和后妃居住的地方。

明清封建统治者，为了修建这座皇宫，所耗费的人力物力已难以统计。据记载，明初修建时，曾役使了十万工匠和百万夫役。明万历三十七年（1609年）重修三大殿，仅采木一项，就费银九百三十余万两，约合当时八百多万“半年糠菜半年粮”的贫苦农民一年的口粮。

故宫的修建，给劳动人民带来巨大的灾难。建造所需的木材，明代大多采自川、广、云、贵等地，清代大多取自东北各地。无数劳动人民被迫在丛山峻岭间原始森林里伐运木材，不知夺去了多少人的生命。“入山一千，出山五百”，就是当时劳动人民的血泪控诉。所用石料，多采自房山等地，每块石料，往往重达万斤，甚至数十万斤。采石和运石的民工，冒着严寒酷暑，干着非常繁重的劳动，许多人因此伤残和死去。现在保和殿后檐台阶上一块重达二十多万公斤的云龙雕石，就是当时劳动人民遭受苦难的见证。（图三）

图三　保和殿后的云龙阶石

故宫是明清封建统治的中心

毛主席指出：“在封建国家中，皇帝有至高无上的权力，在各地方分

1971年，故宫博物院在关闭4年后重新开放。周恩来总理指示郭沫若组织专业人员编写《故宫简介》。图为重新编写出版的《故宫简介》。

蓬勃发展　共创和谐

PENGBOFAZHAN GONGCHUANGHEXIE

1978~2009年

三、蓬勃发展　共创和谐

（1978~2009 年）

改革开放翻开国家文物局历史的崭新篇章。30 多年来，在党中央、国务院的关怀和领导下，国家文物局坚定不移地贯彻执行《文物保护法》，探索和创新适应社会主义市场经济体制的文物保护新体制，推进我国文物事业全面发展，取得了令人瞩目的成绩。与此同时，国家文物局机关建设得到不断加强和改进，一支高素质的干部队伍成长、壮大起来。

（一）改革开放 探索前行

（1978~1991 年）

党的十一届三中全会后，我国进入改革开放和现代化建设的新时期。1982 年 11 月，《中华人民共和国文物保护法》公布实施，文物工作步入法制化轨道。国家文物局紧紧把握改革开放的历史机遇，积极探索文物博物馆改革创新之路，全国文物工作在考古、文物保护维修、世界遗产、博物馆、科技研究、队伍建设，以及对外交流与合作等方面迈出了新的步伐。

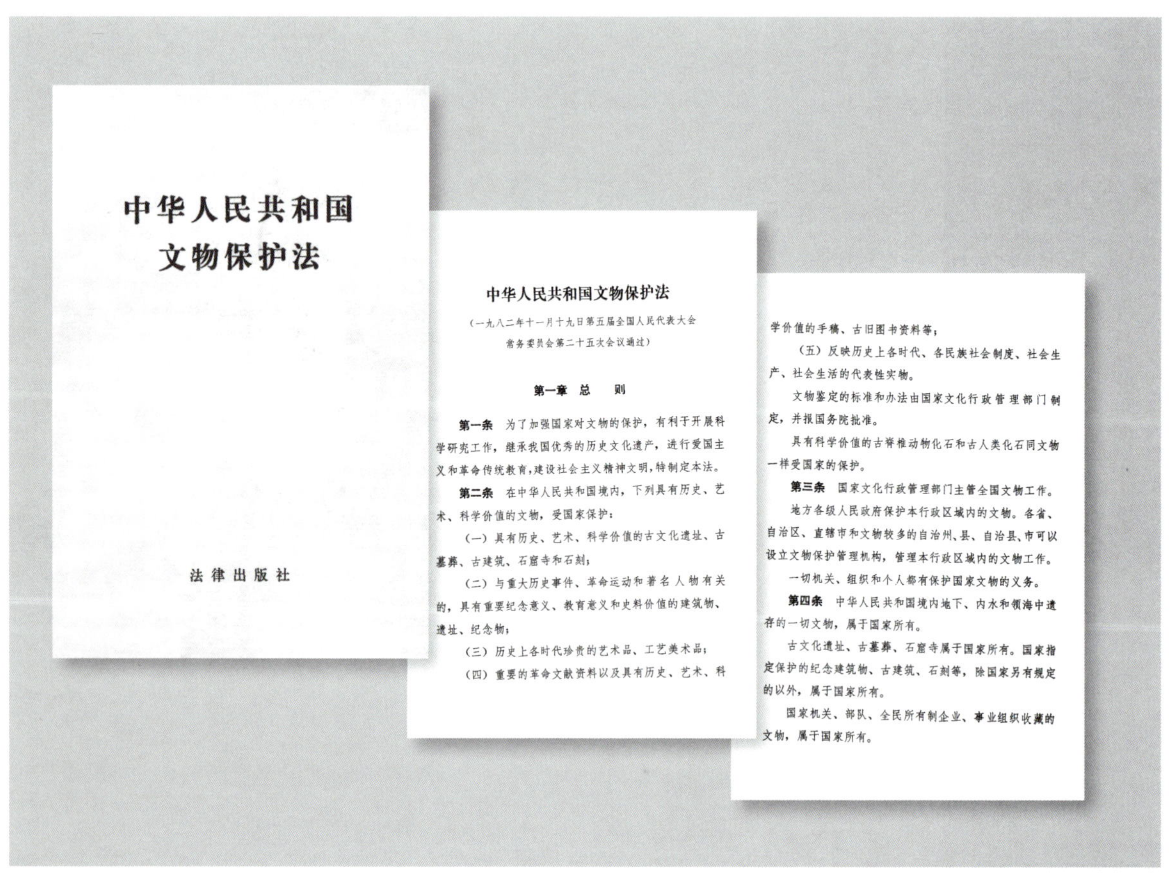

中华人民共和国
文物保护法

法律出版社

中华人民共和国文物保护法

（一九八二年十一月十九日第五届全国人民代表大会
常务委员会第二十五次会议通过）

第一章 总　　则

第一条 为了加强国家对文物的保护，有利于开展科学研究工作，继承我国优秀的历史文化遗产，进行爱国主义和革命传统教育，建设社会主义精神文明，特制定本法。

第二条 在中华人民共和国境内，下列具有历史、艺术、科学价值的文物，受国家保护：

（一）具有历史、艺术、科学价值的古文化遗址、古墓葬、古建筑、石窟寺和石刻；

（二）与重大历史事件、革命运动和著名人物有关的，具有重要纪念意义、教育意义和史料价值的建筑物、遗址、纪念物；

（三）历史上各时代珍贵的艺术品、工艺美术品；

（四）重要的革命文献资料以及具有历史、艺术、科学价值的手稿、古旧图书资料等；

（五）反映历史上各时代、各民族社会制度、社会生产、社会生活的代表性实物。

文物鉴定的标准和办法由国家文化行政管理部门制定，并报国务院批准。

具有科学价值的古脊椎动物化石和古人类化石同文物一样受国家的保护。

第三条 国家文化行政管理部门主管全国文物工作。

地方各级人民政府保护本行政区域内的文物。各省、自治区、直辖市和文物较多的自治州、县、自治县、市可以设立文物保护管理机构，管理本行政区域内的文物工作。

一切机关、组织和个人都有保护国家文物的义务。

第四条 中华人民共和国境内地下、内水和领海中遗存的一切文物，属于国家所有。

古文化遗址、古墓葬、石窟寺属于国家所有。国家指定保护的纪念建筑物、古建筑、石刻等，除国家另有规定的以外，属于国家所有。

国家机关、部队、全民所有制企业、事业组织收藏的文物，属于国家所有。

1982 年 11 月，第五届全国人大常委会审议通过了《中华人民共和国文物保护法》，并公布实施。《文物保护法》是我国文化领域的第一部法律，为制止各种文物破坏活动，加强文物保护和管理，提供了有力的法律武器，标志着中国文物保护事业走向法制化轨道。

国 家 文 物 局

关于宣传贯彻全国人大常委会“关于惩治盗掘古文化遗址古墓葬犯罪的补充规定”和“关于修改《中华人民共和国文物保护法》第三十条第三十一条的决定”的通知

(91)文物字第556号

各省、自治区、直辖市文化厅(局)、文物局、文管会：

六月二十九日第七届全国人大常委会第二十次会议通过了“关于惩治盗掘古文化遗址古墓葬的补充规定”和“关于修改《中华人民共和国文物保护法》第三十条第三十一条的决定”，这是我国文物保护事业法制建设的重大成就，是国家打击各种文物犯罪的重大决策，是依法强化文物保护管理的重大措施，对我国文物保护事业的建设和发展具有十分重大的意义，并将在社会各界产生深远的影响。现将宣传贯彻这两个法律文件的意见通知如下：

一、各级文物行政管理部门要把两个法律文件的贯彻实施作为当前一项最重要的工作

要由主管负责人亲自领导，组织全体文物工作人员认真学习两个法律文件，对照修改前后的不同条文，深刻领会其精神实质，进一步认识各种文物犯罪活动的严重性和危害性，提高依法打击文物犯罪活动的紧迫感和自觉性，作好长

-1-

1991年6月，第七届全国人民代表大会常务委员会决定对《刑法》作补充规定，对《文物保护法》进行修改，规定：走私国家禁止出口的文物、盗掘古文化遗址、古墓葬的，依法追究刑事责任。这是国家文物局向全国文物系统印发的《关于宣传贯彻全国人大常委会“关于惩治盗掘古文化遗址古墓葬犯罪的补充规定”和“关于修改〈中华人民共和国文物保护法〉第三十条第三十一条的决定”的通知》。

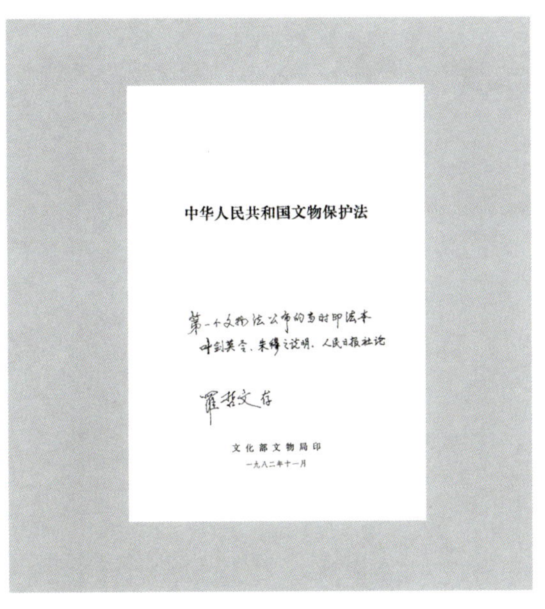
中华人民共和国文物保护法

第一个文物法公布的当时印法本
附叶剑英令、朱穆之说明，人民日报社论

罗哲文存

文化部文物局印

一九八二年十一月

文化部文物事业管理局印制的《中华人民共和国文物保护法》。

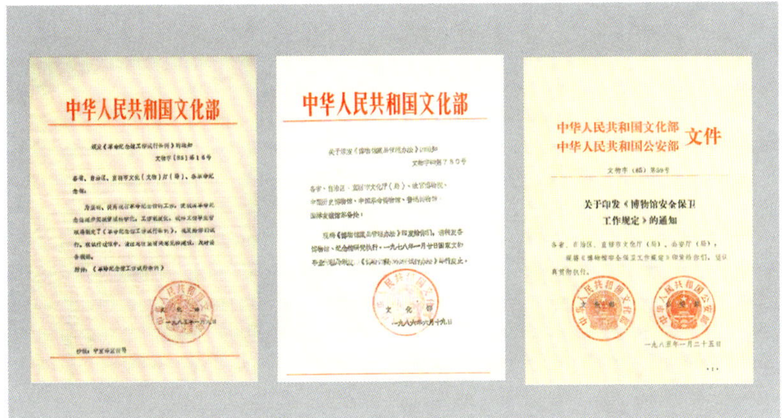
中华人民共和国文化部

中华人民共和国文化部

中华人民共和国文化部
中华人民共和国公安部 文件

关于印发《博物馆安全保卫工作规定》的通知

1985年、1986年，文化部相继颁布《革命纪念馆工作试行条例》、《博物馆藏品管理办法》，文化部与公安部联合颁布《博物馆安全保卫工作规定》等规章，进一步促进了博物馆的调整、改革、整顿、提高。

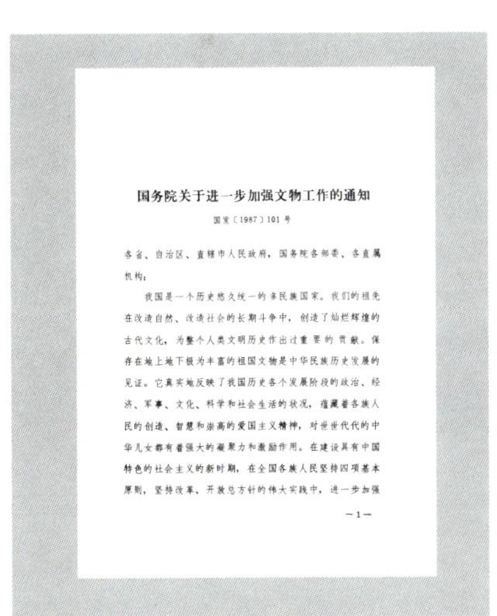
国务院关于进一步加强文物工作的通知

国发〔1987〕101号

各省、自治区、直辖市人民政府，国务院各部委、各直属机构：

我国是一个历史悠久统一的多民族国家。我们的祖先在改造自然、改造社会的长期斗争中，创造了灿烂辉煌的古代文化，为整个人类文明历史作出过重要的贡献。保存在地上地下极为丰富的祖国文物是中华民族历史发展的见证。它真实地反映了我国历史各个发展阶段的政治、经济、军事、文化、科学和社会生活的状况，蕴藏着各族人民的创造、智慧和崇高的爱国主义精神，对世世代代的中华儿女都有着强大的凝聚力和激励作用。在建设具有中国特色的社会主义的新时期，在全国各族人民坚持四项基本原则，坚持改革、开放总方针的伟大实践中，进一步加强

—1—

1987年11月，国务院发出《关于进一步加强文物工作的通知》。《通知》全面总结新中国成立以来文物事业的成就，指出了文物事业存在的主要问题，提出了文物工作的任务和方针是“加强保护，改善管理，搞好改革，充分发挥文物的作用，继承和发扬民族优秀的文化传统，为社会主义服务，为人民服务，为建设具有中国特色的社会主义做出贡献”。

中华人民共和国水下文物
保 护 管 理 条 例

第一条　为了加强水下文物保护工作的管理，根据《中华人民共和国文物保护法》的有关规定，制定本条例。

第二条　本条例所称水下文物，是指遗存于下列水域的具有历史、艺术和科学价值的人类文化遗产：

（一）遗存于中国内水、领海内的一切起源于中国的、起源国不明的和起源于外国的文物；

（二）遗存于中国领海以外依照中国法律由中国管辖的其他海域内的起源于中国的和起源国不明的文物；

（三）遗存于外国领海以外的其他管辖海域以及公海区域内的起源于中国的文物。

前款规定内容不包括一九一一年以后的与重大历史事件、革命运动以及著名人物无关的水下遗存。

第三条　本条例第二条第（一）、（二）项所规定的水下文物属于国家所有，国家对其行使管辖权；本条例第二

— 1 —

考古调查、勘探、发掘
经费预算定额管理办法

第一章　总　　则

第一条　为加强考古经费管理，保证考古工作正常进行，根据《中华人民共和国文物保护法》和有关法规制定本办法。

第二条　本办法适用于文物考古单位为科学研究和配合建设工程及其他动土工程而进行的考古调查、勘探和考古发掘经费预算编制工作。

第二章　考古调查、勘探预算定额

第三条　考古调查是为了解地面、地下的古代文化遗存而进行的查阅文献、实地踏勘、采集标本并做出文字、绘图、摄影记录，提出勘探或考古发掘计划等工作。调查经费预算定额的内容有：调查人员的交通、住宿、补助费、民工费、技术工人费、文具及工具损耗费、设备更新折旧费、文物包装运输费、资料整理费及不可预见费。调查经费按每平方公里500—1000元编列。调查面积不足1平方公里按1平方公里计。调查面积超过10平方公里，由文物部门核收10%的管理费。

第四条　考古勘探是为了解地下古代文化遗存的性质、结构、范围、面积等基本情况而进行的钻探工作。勘探经费预算定额内容有：勘探人员的交通费、住宿费、补助费、民工费、技术工人费、文具及工具损耗费、设备更新折旧费、资料整理费、回填费、不可预

—1—

中华人民共和国考古涉外工作管理办法

第一条　为了加强考古涉外工作管理，保护我国的古代文化遗产，促进我国与外国的考古学术交流，制定本办法。

第二条　本办法适用于在中国境内陆地、内水和领海以及由中国管辖的其他海域，中国有关单位（以下简称中方）同外国组织和国际组织（以下简称外方）所进行的考古调查、勘探、发掘和与之有关的研究、科技保护及其他活动。

第三条　任何外国组织、国际组织在中国境内进行考古调查、勘探、发掘，都应当采取与中国合作的形式。

第四条　国家文物局统一管理全国考古涉外工作。

第五条　本办法下列用语的含义是：

（一）考古调查是指以获取考古资料为目的，对古文化遗址、古墓葬、古建筑、石窟寺和其他地下、水下文物进行的考古记录和收集文物、自然标本等活动；

（二）考古勘探是指为了解地下、水下历史文化遗存的性质、结构、范围等基本情况而进行的探测活动；

（三）考古发掘是指以获取考古资料为目的，对古文化遗址、古墓葬和其他地下、水下文物进行的科学揭露、考古记录和收集文物、自然标本等活动；

（四）考古记录是指系统的文字描述、测量、绘图、拓印、照相、拍摄电影和录像活动；

（五）自然标本是指考古调查、勘探、发掘中所获取的自然遗

—1—

《田野考古工作规程》（1984年）、《中华人民共和国水下文物保护管理条例》（1989年）、《考古调查、勘探、发掘经费预算定额管理办法》（1990年）、《中华人民共和国考古涉外工作管理办法》（1991年）等与考古工作相关的法规、文件相继出台。

1981 年，任质斌局长（左 4）在吉林省延边朝鲜族自治州考察文物工作。

1981 年 2 ～ 3 月，国家文物事业管理局部署开展第二次全国文物普查和编写文物志工作。到 80 年代末，全国大部分地区完成了田野调查，并组织编辑《中国文物地图集》。图为 1983 年 7 月，全国文物普查与文物志编写工作座谈会在贵州贵阳召开期间，会议人员参观镇远县城墙时合影。

1989 年 9 月，国家文物局主编、广东省文化厅率先推出《中国文物地图集·广东分册》。

1987 年 8 月，国家文物事业管理局在吉林集安召开 11 省、市《中国文物地图集》编辑工作会议。图为与会人员参观集安高句丽将军坟时合影。

1982 年，国务院公布第一批国家历史文化名城 24 座和第二批全国重点文物保护单位 62 处。历史文化名城和全国重点文物保护单位公布制度逐步完善。图为第一批国家历史文化名城西安的老街区——北院门。

1982 年，国家文物事业管理局在山东曲阜召开大遗址保护工作座谈会。图为与会人员合影。

1986 年 2 月，中央军委主席邓小平参观四川大足石刻。

1984 年，全国革命遗址“四有”档案建设经验交流会在湖北洪湖举行。图为与会代表合影。

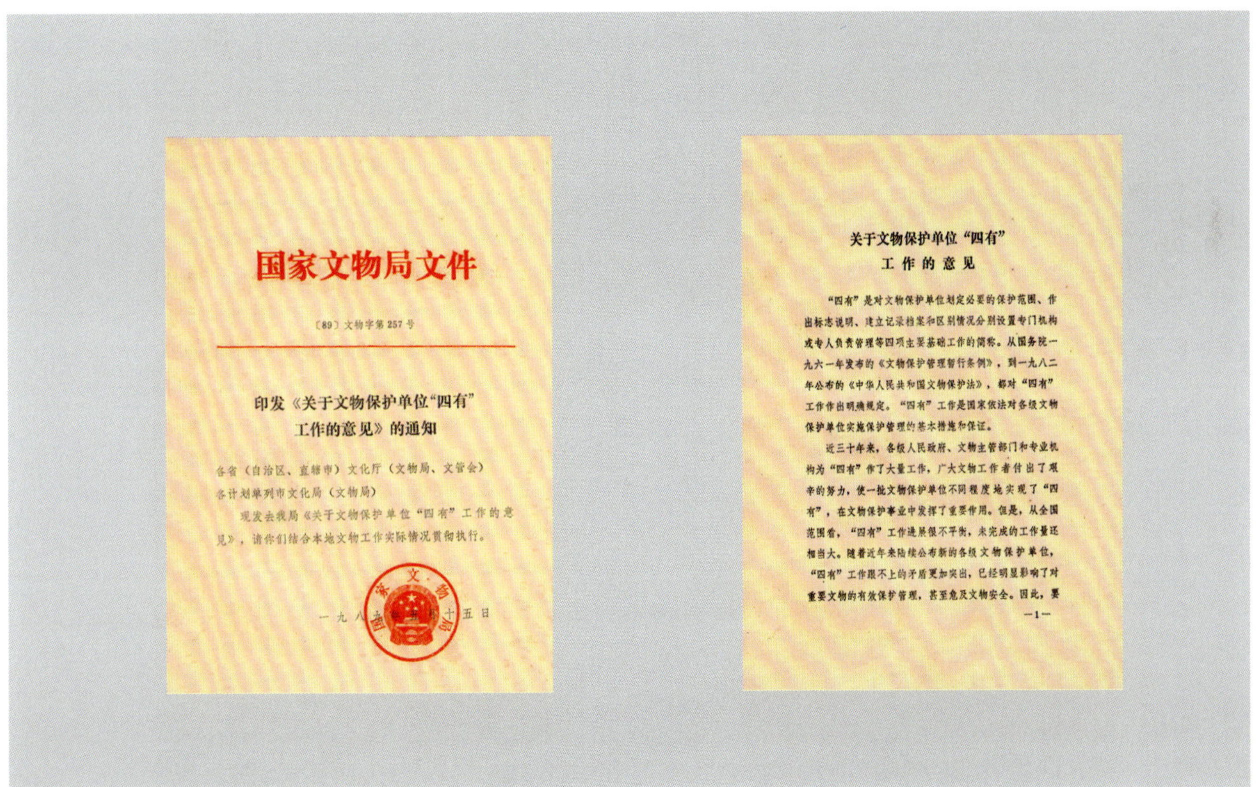

国家文物局文件

〔89〕文物字第 257 号

印发《关于文物保护单位“四有”工作的意见》的通知

各省（自治区、直辖市）文化厅（文物局、文管会）
各计划单列市文化局（文物局）

现发去我局《关于文物保护单位“四有”工作的意见》，请你们结合本地文物工作实际情况贯彻执行。

一九八九年五月十五日

关于文物保护单位“四有”工作的意见

“四有”是对文物保护单位划定必要的保护范围、作出标志说明、建立记录档案和区别情况分别设置专门机构或专人负责管理等四项主要基础工作的简称。从国务院一九六一年发布的《文物保护管理暂行条例》，到一九八二年公布的《中华人民共和国文物保护法》，都对“四有”工作作出明确规定。“四有”工作是国家依法对各级文物保护单位实施保护管理的基本措施和保证。

近三十年来，各级人民政府、文物主管部门和专业机构为“四有”作了大量工作，广大文物工作者付出了艰辛的努力，使一批文物保护单位不同程度地实现了“四有”，在文物保护事业中发挥了重要作用。但是，从全国范围看，“四有”工作进展很不平衡，未完成的工作量还相当大。随着近年来陆续公布新的各级文物保护单位，“四有”工作跟不上的矛盾更加突出，已经明显影响了对重要文物的有效保护管理，甚至危及文物安全。因此，要

—1—

1989 年，全国文物工作会议把“四有”（即文物保护单位要有保护范围、有标志说明、有记录档案、有专门保护机构或者人员）列为重要基础工作之一，之后，国家文物局印发《关于文物保护单位“四有”工作的意见》，重点解决全国重点文物保护单位实现“四有”问题。

1989年9月，国家文物局组成考古、维修工程技术、文物科技3个咨询性质的专家组，逐步建立了专业咨询机制，发挥专家在科学决策和民主决策中的独特作用。图为罗哲文（左3）、郑孝燮（左1）等专家在西藏布达拉宫维修工程现场。

1989年10月，西藏布达拉宫维修工程举行开工典礼。工程历时5年，得到党中央、国务院的高度重视。图为布达拉宫施工现场。

1989 年，国家文物局文物处全体同志合影。

1991 年 2 月，由国家文物局指导，中国文物报社主办的“七五”期间全国十大考古新发现和年度“全国十大考古新发现”评选活动正式启动。图为入选“七五”期间全国十大考古新发现的四川广汉三星堆遗址祭祀坑发掘现场。

20 世纪 80 年代开始，国家文物局相继组织开展水下考古、航空遥感考古、环境考古等工作。图为 1989 年 11 月，中国历史博物馆与日本水中考古学研究所组成中国南海沉船水下调查队，对“南海 I 号”宋代沉船进行首次预备调查。

1990 年 2 月，中日联合中国南海沉船调查学术委员会在京成立。

1985年11月，中国加入《保护世界文化和自然遗产公约》，推动了中国文化遗产事业走向世界。1987年12月，中国泰山、长城、北京故宫、敦煌莫高窟、秦始皇陵及兵马俑坑和北京周口店猿人遗址6项遗产列入《世界遗产名录》。这是中国第一批列入世界遗产的项目。

泰山

长城

北京故宫

敦煌莫高窟

秦始皇陵及兵马俑坑

北京周口店猿人遗址

1981 年 11 月，任质斌局长（前排左 4）在井冈山革命博物馆考察工作。

1982 年 3 月，中国博物馆学会成立大会暨首届学术讨论会在北京召开。大会通过了《中国博物馆学会章程》，选举产生了第一届理事会，孙轶青当选为理事长。

1983 年下半年至 1990 年 5 月，由文化部文物事业管理局组建的中国古代书画鉴定组在全国进行书画巡回鉴定，其成果编辑出版了《中国古代书画目录》和《中国古代书画图目》。图为中国古代书画鉴定组在湖北省博物馆鉴定文物。

中国古代书画鉴定组全体成员合影。左起：谢辰生、刘九庵、杨仁恺、谢稚柳、启功、徐邦达、傅熹年。

文物出版社出版的《中国古代书画目录》和《中国古代书画图目》。

副券
STUB
¥ 5.
中国文物
精华展
国家文物局　故宫博物院
中国文物交流中心
EXHIBITION OF THE GEMS OF CHINA'S CULTURAL RELICS 1990

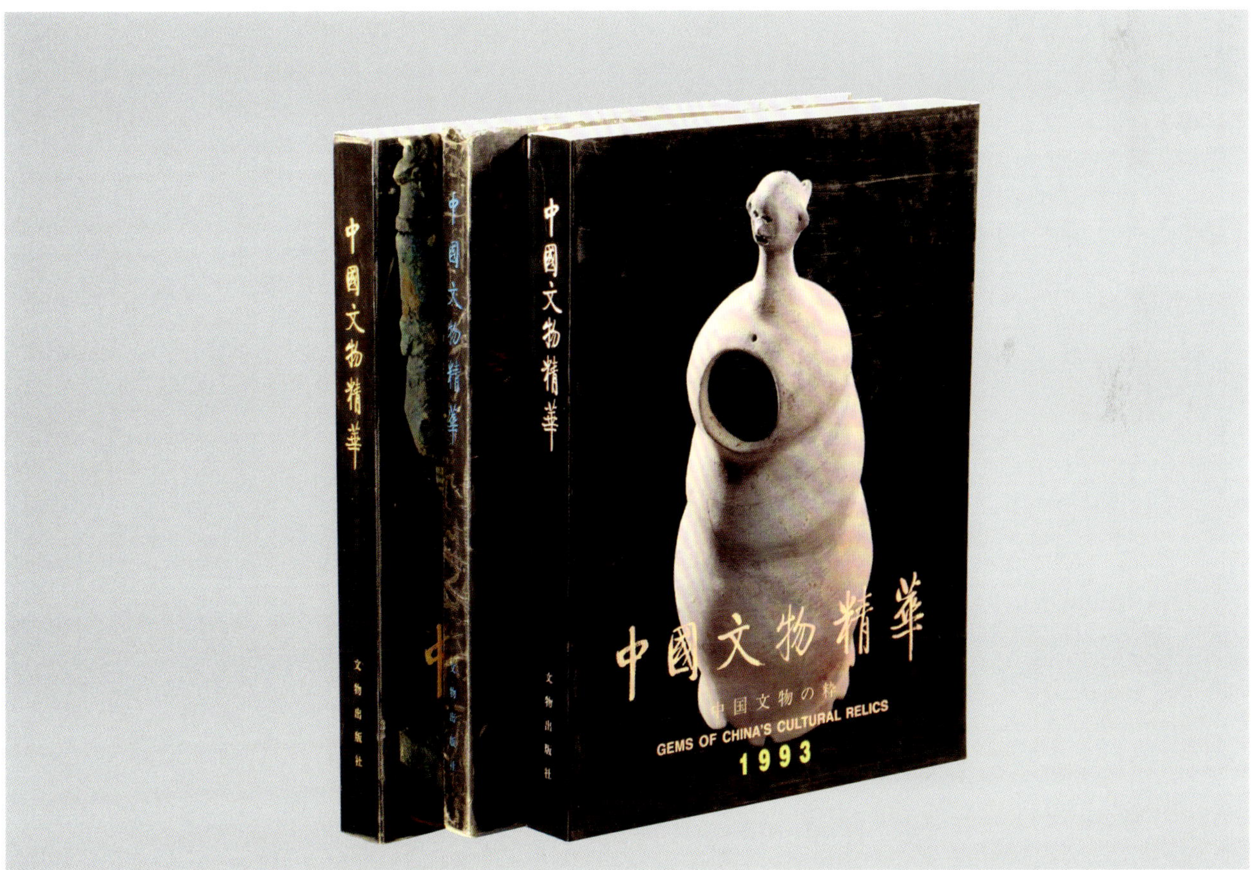

1990年6月，国家文物局在故宫博物院举办第一届“中国文物精华展”，展出来自全国各地的精品文物共245件。1992年4月、1993年9月，国家文物局又相继举办了第二届、第三届“中国文物精华展”。图为由文物出版社出版的三届展览图集《中国文物精华》（1990）、《中国文物精华》（1992）、《中国文物精华》（1993）以及第一届“中国文物精华展”参观入场券。

1978年7月，国家文物事业管理局在故宫博物院举办“各省、市、自治区征集文物汇报展览”。展品汇集各地区101个单位征集的珍品，共2400件。图为国家文物事业管理局编辑的《各省市自治区征集文物汇报展览简介》。

20世纪80年代末90年代初，应外贸和旅游部门的要求，国家文物局授予部分国有文物商店外销文物的资质。这类文物商店出售的文物，均符合当时文物出境的标准。图为国家文物局授予国有文物商店外销文物的资质牌。

1980 年，国家文物事业管理局在美国举办“伟大的青铜时代”展览。展品集中了夏、商、西周至春秋战国最珍贵的青铜器，是迄今为止中国在国外举办的青铜器最集中的展览。

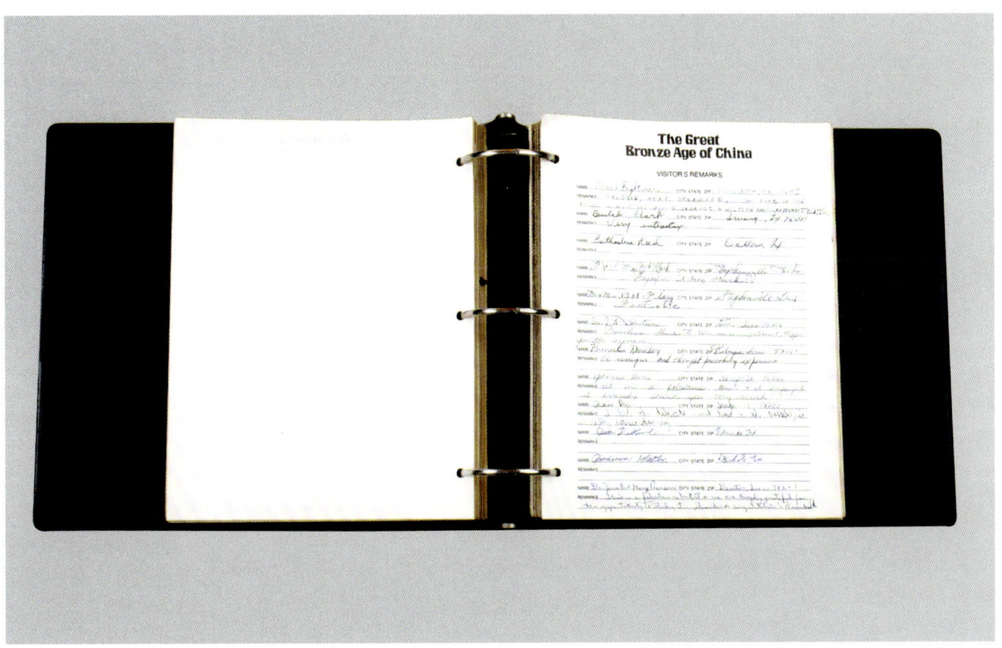

美国观众参观“伟大的青铜时代”展览后的留言簿。

1983 年 7 月，孙轶青局长（中）率中国博物馆学会代表团出席在英国伦敦举行的国际博物馆协会第十三届大会时合影。

1986 年 9 月，吕济民局长（左 3）应苏联文化部邀请，率中国博物馆代表团访问苏联，在冬宫同艾尔米塔什博物馆馆长皮奥特洛夫斯基（左 4）合影。

1988 年，国家文物局、敦煌研究院与美国盖蒂保护所、日本东京国立文化财产研究所签订莫高窟国际合作项目，拉开了世界文化遗产国际合作保护的序幕。图为莫高窟第 85 窟壁画修复现场。

1989 年，中美专家在由美国盖蒂保护所援建的莫高窟窟顶气象站前合影。

针对文博工作队伍青黄不接的情况，1981 年 1 月，国家文物事业管理局组织召开了全国文物博物馆干部培训工作座谈会，对文博干部培训工作提出了“全面安排，重点掌握；统一规划，分级负责”的要求。这一时期，对文博管理干部培训的重点是“由外行转为内行”。国家文物事业管理局于 1980 年 11 月至 1981 年 12 月在承德先后举办 6 期干部读书班。图为第一届文博领导干部读书班学员合影。

文化部文物事业管理局西南区培训中心第六期开学典礼。

1983 年 6 月 1 日，文化部文物事业管理局郑州文物干部训练班首届开学合影。

1985 年 1 月，文化部文物事业管理局在广西南宁召开全国文博干部培训点工作会议。图为会议代表合影。

国家文物局在山东泰安、江苏扬州等地建立培训中心，积极开展文博干部培训工作。图为在泰安培训中心举办的全国古建管理干部研讨班学员合影。

1984年7月，文化部文物事业管理局在山东长岛召开文博干部培训教材编辑及制定教学大纲研究会，会议决定出版8种文博教材。自1988年7月起，马承源主编的《中国青铜器》、王宏钧主编的《中国博物馆学基础》、杨仁恺主编的《中国书画》、罗哲文主编的《中国古代建筑》、安金槐主编的《中国考古》、冯先铭主编的《中国陶瓷》相继由上海古籍出版社出版发行。

（二）依法行政 稳步发展

（1992~2001 年）

1992 年 5 月和 1995 年 9 月，国务院先后两次召开全国文物工作会议，研究确定文物工作方针、原则和一系列重大决策。伴随我国社会主义市场经济体制的逐步建立和改革开放的不断深入，国家文物局作为国务院管理全国文物工作的职能部门，积极贯彻《文物保护法》和中央确定的文物工作方针，进一步加强对全国文物、博物馆的依法行政、宏观管理和行业指导，争取中央和地方大幅度增加文物抢救保护经费，推进文物保护工作“五纳入”，探索建立国家保护为主并动员全社会参与的文物保护新体制，稳步推动文物事业健康发展。

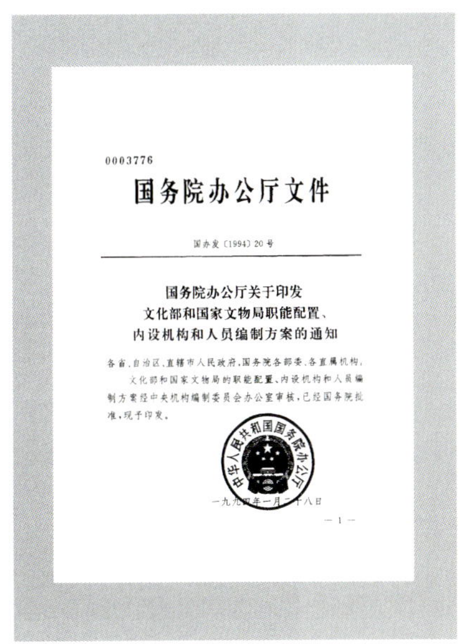

0003776

国务院办公厅文件

国办发〔1994〕20 号

国务院办公厅关于印发
文化部和国家文物局职能配置、
内设机构和人员编制方案的通知

各省、自治区、直辖市人民政府，国务院各部委、各直属机构：

文化部和国家文物局的职能配置、内设机构和人员编制方案经中央机构编制委员会办公室审核，已经国务院批准，现予印发。

一九九四年一月二十八日

— 1 —

1994 年 1 月，国务院办公厅印发《关于印发文化部和国家文物局职能配置、内设机构和人员编制方案的通知》。方案规定国家文物局为文化部管理的（副部级）国家局；方案对国家文物局职能转变、主要职责、内设机构等作了明确规定。

0005320

国务院办公厅文件

国办发〔1998〕72 号

国务院办公厅关于印发
国家文物局职能配置内设机构和
人员编制规定的通知

各省、自治区、直辖市人民政府，国务院各部委、各直属机构：

《国家文物局职能配置、内设机构和人员编制规定》经国务院批准，现予印发。

一九九八年六月十九日

— 1 —

1998 年 6 月，国务院办公厅发出《关于印发国家文物局职能配置、内设机构和人员编制规定》的通知。明确国家文物局是文化部管理的负责国家文物和博物馆方面工作的行政机构。

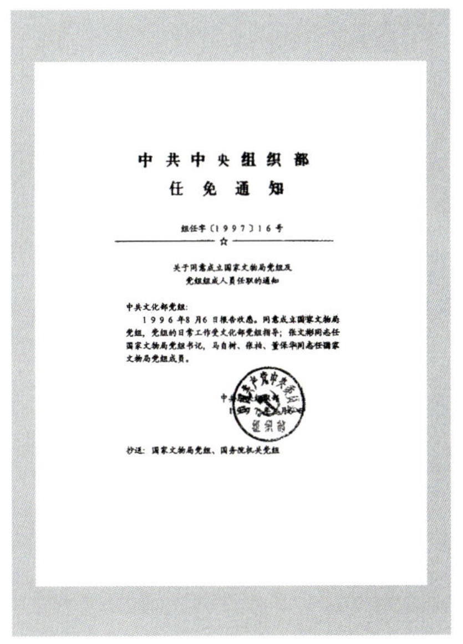

中共中央组织部
任免通知

组任字〔1997〕16 号

关于同意成立国家文物局党组及
党组组成人员任职的通知

中共文化部党组：

1996 年 8 月 6 日报告收悉。同意成立国家文物局党组，党组的日常工作受文化部党组指导；张文彬同志任国家文物局党组书记，马自树、张柏、董保华同志任国家文物局党组成员。

抄送：国家文物局党组、国务院机关党组

1997 年 2 月，中共中央组织部批复同意成立国家文物局党组。这是中央组织部《关于同意成立国家文物局党组及党组组成人员任职的通知》。

1991 年 12 月，中共国家文物局直属机关第二次代表大会召开，选举产生新一届直属机关党委和纪委。

1999 年 11 月，国家文物局召开机关“三讲”（讲学习、讲政治、讲正气）教育总结大会，中央“三讲”教育巡视组组长柳斌（中），国家文物局党组书记、局长张文彬（左），党组副书记、副局长郑欣淼（右）在主席台上。

1998 年 11 月，中共国家文物局直属机关第三次代表大会召开。图为大会代表合影。

1992 年 5 月，全国文物工作会议在西安召开，中共中央政治局常委、书记处书记李瑞环出席会议，并作重要讲话，明确提出“保护为主、抢救第一”的新时期文物工作方针。

张德勤局长在全国文物工作会议上作工作报告。

1995 年 9 月，国务院召开全国文物工作会议，中共中央政治局委员、国务委员李铁映提出新时期文物工作“有效保护、合理利用、加强管理”的原则，要求将文物保护纳入当地经济和社会发展计划、城乡建设规划、财政预算、体制改革、各级领导责任制（简称“五纳入”）。

0003975

国务院文件

国发〔1997〕13 号

国务院关于加强和改善文物工作的通知

各省、自治区、直辖市人民政府，国务院各部委、各直属机构：

我国是有着悠久历史和灿烂文化的文明古国，拥有极为丰厚的历史文化遗产。保护和利用好祖国珍贵文物，是我们义不容辞的责任和义务。当前，在发展社会主义市场经济条件下，文物工作面临许多新情况和新问题，较为突出的是：造成文物损失的法人违法案件有所增加；盗掘古墓葬、盗窃馆藏文物、走私文物等犯罪活动和文物非法交易活动屡禁不止；一些地方文物保护工作得不到应有的重

1997 年 3 月，国务院印发《关于加强和改善文物工作的通知》。通知强调要努力建立与社会主义市场经济体制相适应、遵循文物工作自身规律、国家保护为主并动员全社会参与的文物保护体制，要求各部门各地方做到“五纳入”。

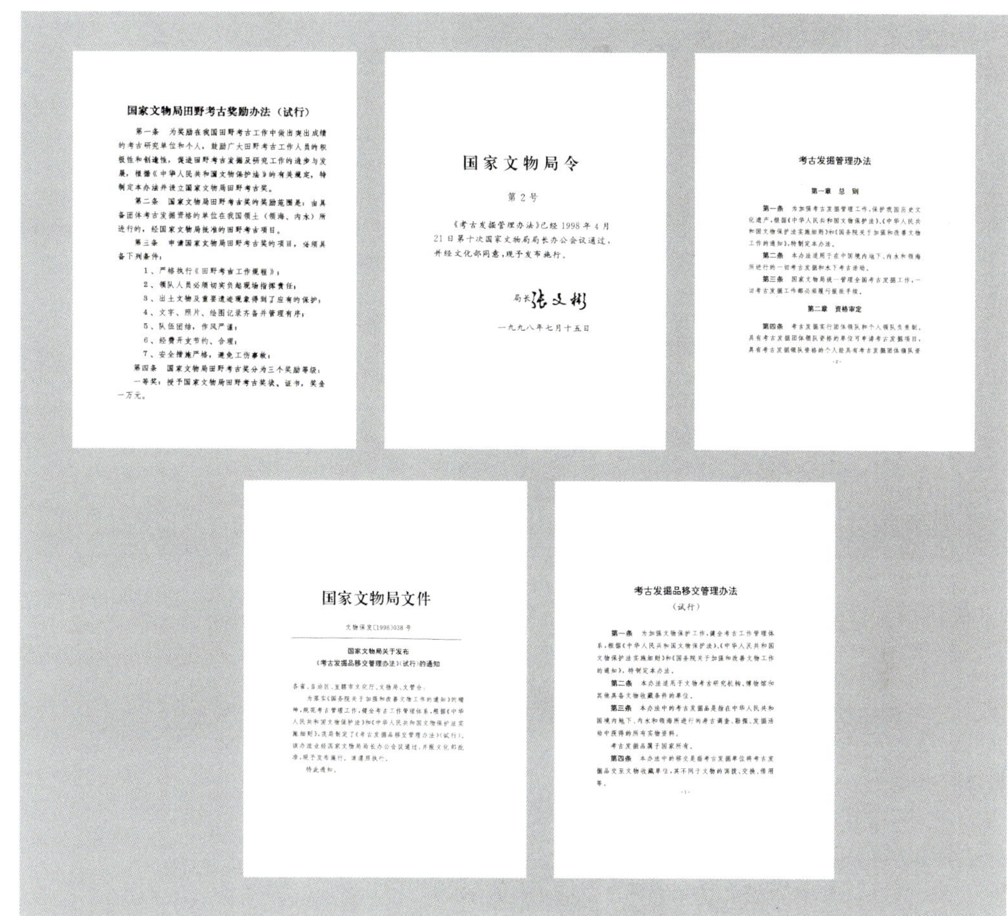

国家文物局田野考古奖励办法（试行）

第一条　为奖励在我国田野考古工作中做出突出成绩的考古研究单位和个人，鼓励广大田野考古工作人员的积极性和创造性，促进田野考古发掘及研究工作的进步与发展，根据《中华人民共和国文物保护法》的有关规定，特制定本办法并设立国家文物局田野考古奖。

第二条　国家文物局田野考古奖的奖励范围是：由具备团体考古发掘资格的单位在我国领土（领海、内水）所进行的，经国家文物局批准的田野考古项目。

第三条　申请国家文物局田野考古奖的项目，必须具备下列条件：

1、严格执行《田野考古工作规程》；

2、领队人员必须切实负起现场指挥责任；

3、出土文物及重要遗迹现象得到了应有的保护；

4、文字、照片、绘图记录齐备并管理有序；

5、队伍团结，作风严谨；

6、经费开支节约、合理；

7、安全措施严格，避免工伤事故；

第四条　国家文物局田野考古奖分为三个奖励等级：

一等奖：授予国家文物局田野考古奖状、证书，奖金一万元。

国家文物局令

第2号

《考古发掘管理办法》已经1998年4月21日第十次国家文物局局长办公会议通过，并经文化部同意，现予发布施行。

局长张文彬

一九九八年七月十五日

考古发掘管理办法

第一章　总则

第一条　为加强考古发掘管理工作，保护我国历史文化遗产，根据《中华人民共和国文物保护法》、《中华人民共和国文物保护法实施细则》和《国务院关于加强和改善文物工作的通知》，特制定本办法。

第二条　本办法适用于在中国境内地下、内水和领海所进行的一切考古发掘和水下考古活动。

第三条　国家文物局统一管理全国考古发掘工作，一切考古发掘工作都必须履行报批手续。

第二章　资格审定

第四条　考古发掘实行团体领队和个人领队负责制。具有考古发掘团体领队资格的单位可申请考古发掘项目，具有考古发掘领队资格的个人[illegible]具有考古发掘团体领队资

·2·

国家文物局文件

文物保发〔1998〕038号

国家文物局关于发布
《考古发掘品移交管理办法》（试行）的通知

各省、自治区、直辖市文化厅、文物局、文管会：

为落实《国务院关于加强和改善文物工作的通知》的精神，规范考古管理工作，健全考古工作管理体系，根据《中华人民共和国文物保护法》和《中华人民共和国文物保护法实施细则》，我局制定了《考古发掘品移交管理办法》（试行）。该办法业经国家文物局局长办公会议通过，并报文化部批准，现予发布施行，请遵照执行。

特此通知。

考古发掘品移交管理办法
（试行）

第一条　为加强文物保护工作，健全考古工作管理体系，根据《中华人民共和国文物保护法》、《中华人民共和国文物保护法实施细则》和《国务院关于加强和改善文物工作的通知》，特制定本办法。

第二条　本办法适用于文物考古研究机构、博物馆和其他具备文物收藏条件的单位。

第三条　本办法中的考古发掘品是指在中华人民共和国境内地下、内水和领海所进行的考古调查、勘探、发掘活动中获得的所有实物资料。

考古发掘品属于国家所有。

第四条　本办法中的移交是指考古发掘单位将考古发掘品交至文物收藏单位，其不同于文物的调拨、交换、借用等。

·1·

国家文物局陆续颁行《国家文物局田野考古奖励办法》（1993年）、《考古发掘管理办法》（1998年）、《考古发掘品移交管理办法》（1998年）。

偃师商城小城北城墙发掘现场。

国家文物局文件

文物办发[2000]064号

关于发布《博物馆照明设计规范》的通知

各省、自治区、直辖市文化厅(局)、文物局、文管会，局各直属博物馆：

为使博物馆既能向观众提供良好的视觉环境，又能使光学辐射对其藏品的损害减少到最低程度，现发布《博物馆照明设计规范》(附条文说明)。本规范适用于新建和改建博物馆的照明设计，利用古或旧建筑设立的博物馆可参照执行。

二〇〇〇年十二月八日

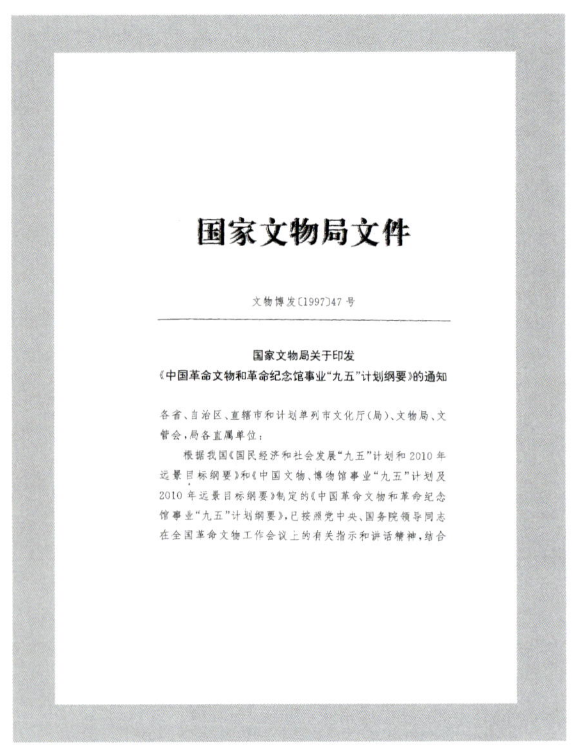

国家文物局文件

文物博发〔1997〕47号

国家文物局关于印发《中国革命文物和革命纪念馆事业"九五"计划纲要》的通知

各省、自治区、直辖市和计划单列市文化厅(局)、文物局、文管会，局各直属单位：

根据我国《国民经济和社会发展"九五"计划和2010年远景目标纲要》和《中国文物、博物馆事业"九五"计划及2010年远景目标纲要》制定的《中国革命文物和革命纪念馆事业"九五"计划纲要》，已按照党中央、国务院领导同志在全国革命文物工作会议上的有关指示和讲话精神，结合

国家文物局相继颁布《博物馆建筑设计规范》、《文物系统博物馆安全防范工程设计规范》、《博物馆照明设计规范》、《文物复制暂行管理办法》、《中国革命文物和革命纪念馆事业"九五"计划纲要》等规章与文件，对博物馆事业快速发展产生重要的推动作用。

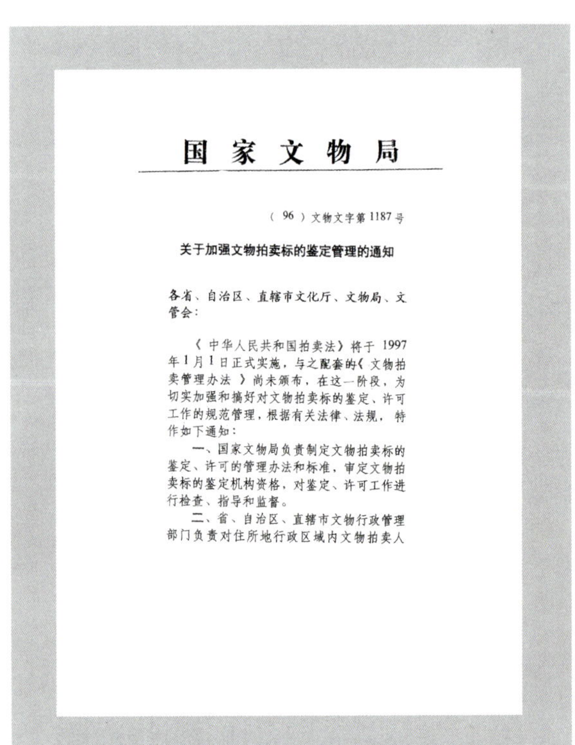

国家文物局

(96)文物文字第1187号

关于加强文物拍卖标的鉴定管理的通知

各省、自治区、直辖市文化厅、文物局、文管会：

《中华人民共和国拍卖法》将于1997年1月1日正式实施，与之配套的《文物拍卖管理办法》尚未颁布，在这一阶段，为切实加强和搞好对文物拍卖标的鉴定、许可工作的规范管理，根据有关法律、法规，特作如下通知：

一、国家文物局负责制定文物拍卖标的鉴定、许可的管理办法和标准，审定文物拍卖标的鉴定机构资格，对鉴定、许可工作进行检查、指导和监督。

二、省、自治区、直辖市文物行政管理部门负责对住所地行政区域内文物拍卖人

国家文物局于1994年开展文物拍卖试点工作。1996年，国家文物局对文物拍卖实行直管专营，并建立了文物拍卖的鉴定许可制度。这是国家文物局《关于加强文物拍卖标的鉴定管理的通知》。

1996 年，上海博物馆新馆建成开放。

1999 年，西藏博物馆建成开馆。

上海博物馆书画陈列室运用国内首创的可调式射灯和感应式灯光，既利于文物保护，又利于观众参观。

考古与文化遗产保护

从 1992 年起，为配合三峡水利工程，国家文物局组织上白支考古和义物保护队伍，对三峡库区 1087 处文物点实施保护和发掘，开展三峡文物抢救保护工作。图为 1992 年 2 月，国家文物局局长张德勤（左 2）和俞伟超（左 1）、罗哲文（左 4）、谢辰生（左 5）等考察三峡工程时合影。

1992 年 6 月，国家文物局组织专家考察三峡库区文物。

1993 年 10 月，全国政协副主席钱伟长、文化部副部长王济夫率全国政协三峡文物保护调查团考察三峡文物保护工作时合影。

1994 年至 1998 年，国家文物局组建“三峡工程库区文物保护规划组”，组织全国 30 多个科研单位和大专院校编制完成了《长江三峡工程淹没及迁建区文物古迹保护规划报告》及各分项报告，为三峡工程库区文物保护工作的顺利实施奠定了坚实的基础。

考古人员在三峡库区云阳旧县坪遗址进行发掘工作。

2002 年，中国文物研究所等单位对三峡库区重庆段奉节瞿塘峡壁摩崖题刻进行切割迁移保护工程。图为保护工程竣工后题刻复原区景观。

三峡水库蓄水后，“世界第一古代水文站”白鹤梁题刻将永远淹没于水底。为了保护和展示这一瑰宝，国家文物局组织专家制定了白鹤梁水下保护工程方案，使这一瑰宝能够继续展示它的价值。

上：白鹤梁题刻。

中：文物工作者翻拓白鹤梁题刻。

下：枯水时白鹤梁露出水面。

1999年，张文彬局长（左5）在考察三峡文物保护工作时，与国家文物局三峡工程文物保护领导小组湖北工作站人员合影。

1993年3月，国家文物局在广东珠海召开全国考古工作汇报会。

1996 年 12 月，国家文物局印发《关于故宫博物院管理的规定》。这是国家文物行政管理部门制定的第一部有关重点文物保护单位的专项法规。

国家文物局令

第 1 号

《关于故宫博物院管理的规定》业经局长办公会议通过，并报文化部批准，现予发布施行。

局长 张文彬

一九九六年十二月二十四日

关于故宫博物院管理的规定

第一章 总 则

第一条 为加强故宫博物院管理，有效保护和充分发挥文物的作用，促进社会主义精神文明建设，根据《中华人民共和国文物保护法》和有关法律法规，特制定本规定。

第二条 故宫是明清两代的皇宫，是世界上规模最大、保存最完整的砖木结构的宫廷古建筑群；故宫博物院是我国馆藏文物最丰富的国家博物馆。

故宫古建筑群和馆藏文物为国家所有。

第三条 故宫博物院是隶属于国家文物局的文物事业单位，必须坚持事业单位的改革方向，建立起适应社会主义市场经济体制需要和符合事业单位自身发展规律、充满生机与活力的管理体制、运行机制和自我约束机制。

第四条 故宫博物院必须贯彻执行党和国家有关法律法规和方针政策，保护故宫古建筑群和馆藏文物的安全。

要坚持为人民服务、为社会主义服务的方向，做好文

故宫太和殿

考古与文化遗产保护

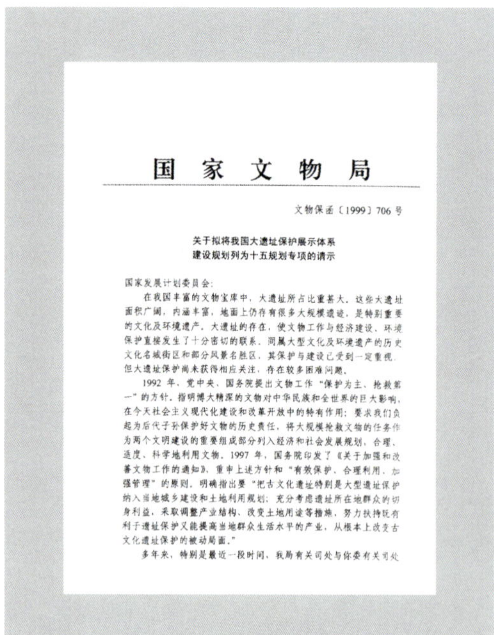

国　家　文　物　局

文物保函〔1999〕706号

关于拟将我国大遗址保护展示体系
建设规划列为十五规划专项的请示

国家发展计划委员会：

在我国丰富的文物宝库中，大遗址所占比重甚大。这些大遗址面积广阔，内涵丰富，地面上仍存有很多大规模遗迹，是特别重要的文化及环境遗产。大遗址的存在，使文物工作与经济建设、环境保护直接发生了十分密切的联系。同属大型文化及环境遗产的历史文化名城街区和部分风景名胜区，其保护与建设已受到一定重视，但大遗址保护尚未获得相应关注，存在较多困难问题。

1992年，党中央、国务院提出文物工作"保护为主、抢救第一"的方针，指明博大精深的文物对中华民族和全世界的巨大影响，在今天社会主义现代化建设和改革开放中的特有作用；要求我们负起为后代子孙保护好文物的历史责任，将大规模抢救文物的任务作为两个文明建设的重要组成部分列入经济和社会发展规划，合理、适度、科学地利用文物。1997年，国务院印发了《关于加强和改善文物工作的通知》，重申上述方针和"有效保护、合理利用、加强管理"的原则，明确指出要"把古文化遗址特别是大型遗址保护纳入当地城乡建设和土地利用规划；充分考虑遗址所在地群众的切身利益，采取调整产业结构、改变土地用途等措施，努力扶持既有利于遗址保护又能提高当地群众生活水平的产业，从根本上改变古文化遗址保护的被动局面。"

多年来，特别是最近一段时间，我局有关司处与你委有关司处

大遗址保护工作逐步提上议事日程，成为我国考古和文物保护的重要内容之一。2000年11月，国家文物局编制《"大遗址"保护"十五"计划》。这是国家文物局致国家发展计划委员会《关于拟将我国大遗址保护展示体系建设规划列为十五规划专项的请示》。

安阳殷墟王陵遗址全景鸟瞰。

从 1992 年起，国家文物局组成专家组分别对全国博物馆等文物收藏单位的历史类和近现代类一级文物藏品展开巡回鉴定和确认，完成 231 个文博单位 21823 件一级文物的登记、备案工作；以此为契机，推动博物馆藏品保护和管理工作向科学化、现代化迈进。

文物专家在陕西历史博物馆进行鉴定工作。

中共中央文件

中发〔1994〕7号

★

中共中央关于印发《爱国主义教育实施纲要》的通知

各省、自治区、直辖市党委，各大军区党委，中央各部委，国家机关各部委党组（党委），军委各总部、各军兵种党委，各人民团体党组：

现将中央宣传部拟定的《爱国主义教育实施纲要》印发给你们，请认真贯彻执行。

爱国主义历来是动员和鼓舞中国人民团结奋斗的一面旗帜，是推动我国社会历史前进的巨大力量，是全国各族人民共同的精神支柱。在新的历史条件下，加强爱国主义教育，继承和发扬爱国主义传统，对于振奋民族精神，增

根据中共中央《爱国主义教育实施纲要》精神，国家文物局自1994年以来开展年度优秀爱国主义教育基地评优表彰活动。截至1997年，全国文物（文化）系统管理的博物馆、纪念馆有100家荣获国家文物局授予的“全国文物系统优秀爱国主义教育基地”称号，其中有五、六十家单位被列入1997年中宣部命名的首批“100家爱国主义教育示范基地”。

1994年度全国文物系统优秀爱国主义教育基地、首批百个爱国主义教育示范基地：北京中国人民抗日战争纪念馆。

1997年，国家文物局在南昌召开全国革命文物工作会议，会后，中央办公厅、国务院办公厅转发中宣部、国家文物局等部门《关于加强革命文物工作的意见》，对新形势下做好革命文物和革命纪念馆工作做出了部署。

1997 年起，国家文物局在全国文物博物馆系统组织实施陈列展览“精品战略”。1998 年 9 月，由国家文物局主办的“首届全国博物馆十大陈列展览精品”评选结果在京揭晓，中国人民抗日战争纪念馆的“中华民族的抗日战争”（上）、北京鲁迅博物馆的“鲁迅生平展”（下）等 10 个展览在评选中获此殊荣。

1997 年至 2001 年，由国际古迹遗址理事会中国国家委员会制定、国家文物局推荐的《中国文物古迹保护准则》，在国际上产生了较大的影响，被评价为“代表了东方木构体系文物保护最先进成熟的理念”。

1993 年 8 月，经国务院批准，我国加入国际古迹遗址理事会（ICOMOS）。由国家文物局牵头成立“国际古迹遗址理事会中国国家委员会”。图为国际古迹遗址理事会中国国家委员会第一次会员大会现场。

中国古迹遗址保护协会与会代表合影

1993 年，中国响应联合国教科文组织呼吁，开始参与援助柬埔寨吴哥遗址修复国际行动。1998 年，国家文物局指派中国文物研究所承担文物保护工程。图为修复中的周萨神庙南藏经殿。

1994 年 9 月至 1995 年 8 月，由中国文物交流中心与日本放送协会（NHK）株式会社共同举办的《秦始皇帝及其时代展》先后在日本东京世田美术馆、北海道开拓纪念馆等处展出，观众 85 万人次，反响热烈。这是当时印制的展览宣传海报。

1995年6月，国家文物局主办“中国古代人与神”展览，应邀赴德国、瑞士、英国、丹麦四国展出。图为江泽民主席出访德国期间参观展览。

1993 年，由中国文物交流中心与台湾展望文教基金会联合举办的“兵马俑及金缕玉衣展览”在台北开幕。这是新中国成立以来，内地赴台湾举办的首个大型文物展。图为张学良夫妇兴致勃勃地参观展览。

1997 年 12 月，由国家文物局、香港临时市政局联合主办，香港艺术馆、中国历史博物馆、中国文物交流中心联合承办的“国宝——中国历史文物精华展”在香港开幕。这是当时印制的图录。

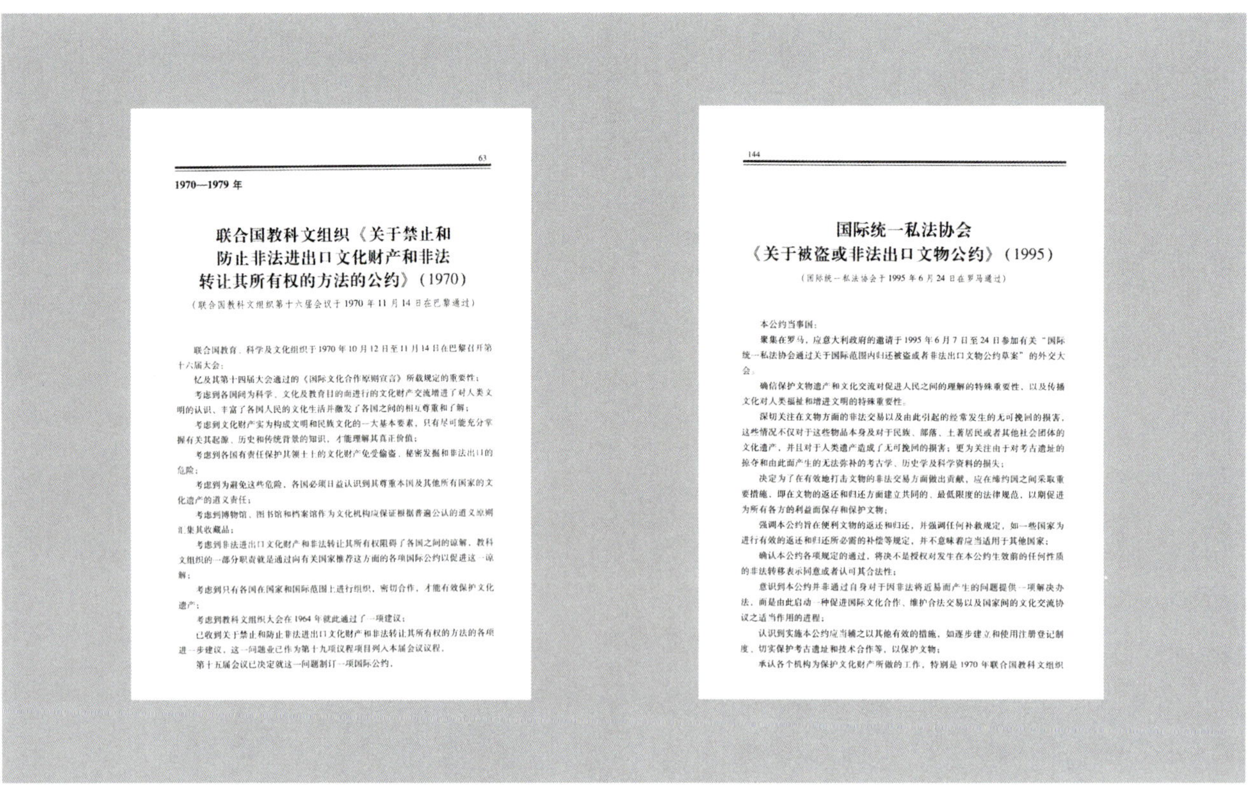

63

1970—1979 年

联合国教科文组织《关于禁止和防止非法进出口文化财产和非法转让其所有权的方法的公约》（1970）

（联合国教科文组织第十六届会议于1970年11月14日在巴黎通过）

联合国教育、科学及文化组织于1970年10月12日至11月14日在巴黎召开第十六届大会：

忆及其第十四届大会通过的《国际文化合作原则宣言》所载规定的重要性；

考虑到各国间为科学、文化及教育目的而进行的文化财产交流增进了对人类文明的认识、丰富了各国人民的文化生活并激发了各国之间的相互尊重和了解；

考虑到文化财产实为构成文明和民族文化的一大基本要素，只有尽可能充分掌握有关其起源、历史和传统背景的知识，才能理解其真正价值；

考虑到各国有责任保护其领土上的文化财产免受偷盗、秘密发掘和非法出口的危险；

考虑到为避免这些危险，各国必须日益认识到其尊重本国及其他所有国家的文化遗产的道义责任；

考虑到博物馆、图书馆和档案馆作为文化机构应保证根据普遍公认的道义原则汇集其收藏品；

考虑到非法进出口文化财产和非法转让其所有权阻碍了各国之间的谅解，教科文组织的一部分职责就是通过向有关国家推荐这方面的各项国际公约以促进这一谅解；

考虑到只有各国在国家和国际范围上进行组织，密切合作，才能有效保护文化遗产；

考虑到教科文组织大会在1964年就此通过了一项建议；

已收到关于禁止和防止非法进出口文化财产和非法转让其所有权的方法的各项进一步建议，这一问题业已作为第十九项议程项目列入本届会议议程，

第十五届会议已决定就这一问题制订一项国际公约，

144

国际统一私法协会《关于被盗或非法出口文物公约》（1995）

（国际统一私法协会于1995年6月24日在罗马通过）

本公约当事国：

聚集在罗马，应意大利政府的邀请于1995年6月7日至24日参加有关“国际统一私法协会通过关于国际范围内归还被盗或者非法出口文物公约草案”的外交大会，

确信保护文物遗产和文化交流对促进人民之间的理解的特殊重要性、以及传播文化对人类福祉和增进文明的特殊重要性，

深切关注在文物方面的非法交易以及由此引起的经常发生的无可挽回的损害，这些情况不仅对于这些物品本身及对于民族、部落、土著居民或者其他社会团体的文化遗产，并且对于人类遗产造成了无可挽回的损害；更为关注由于对考古遗址的掠夺和由此而产生的无法弥补的考古学、历史学及科学资料的损失；

决定为了在有效地打击文物的非法交易方面做出贡献，应在缔约国之间采取重要措施，即在文物的返还和归还方面建立共同的、最低限度的法律规范，以期促进为所有各方的利益而保存和保护文物；

强调本公约旨在便利文物的返还和归还，并强调任何补救规定，如一些国家为进行有效的返还和归还所必需的补偿等规定，并不意味着应当适用于其他国家；

确认本公约各项规定的通过，将决不是授权对发生在本公约生效前的任何性质的非法转移表示同意或者认可其合法性；

意识到本公约并非通过自身对于因非法将近易而产生的问题提供一项解决办法，而是由此启动一种促进国际文化合作、维护合法交易以及国家间的文化交流协议之适当作用的进程；

认识到实施本公约应当辅之以其他有效的措施，如逐步建立和使用注册登记制度、切实保护考古遗址和技术合作等，以保护文物；

承认各个机构为保护文化财产所做的工作，特别是1970年联合国教科文组织

1989年10月，中国加入联合国教科文组织1970年《关于禁止和防止非法进出口文化财产和非法转让其所有权的方法的公约》。1997年3月，国务院又批复加入了国际统一私法协会1995年《关于被盗或非法出口文物公约》。

1998年5月，国家文物局通过法律程序成功索回被犯罪分子盗掘并走私到英国的3000多件（套）中国文物。这是我国首次大规模成功追索非法流失出境的中国文物。图为观众在参观索回文物。

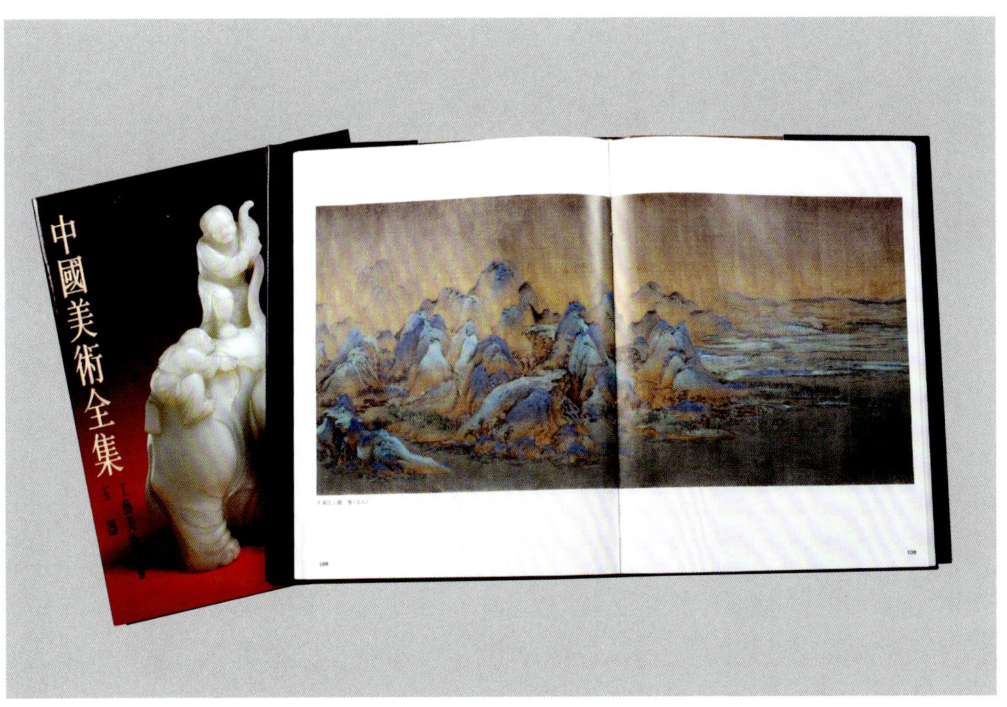

1984年,文物出版社等单位联合编辑出版《中国美术全集》,1989年9月完成全书60卷的出版工作。1993年,《中国美术全集》荣获首届国家图书奖。

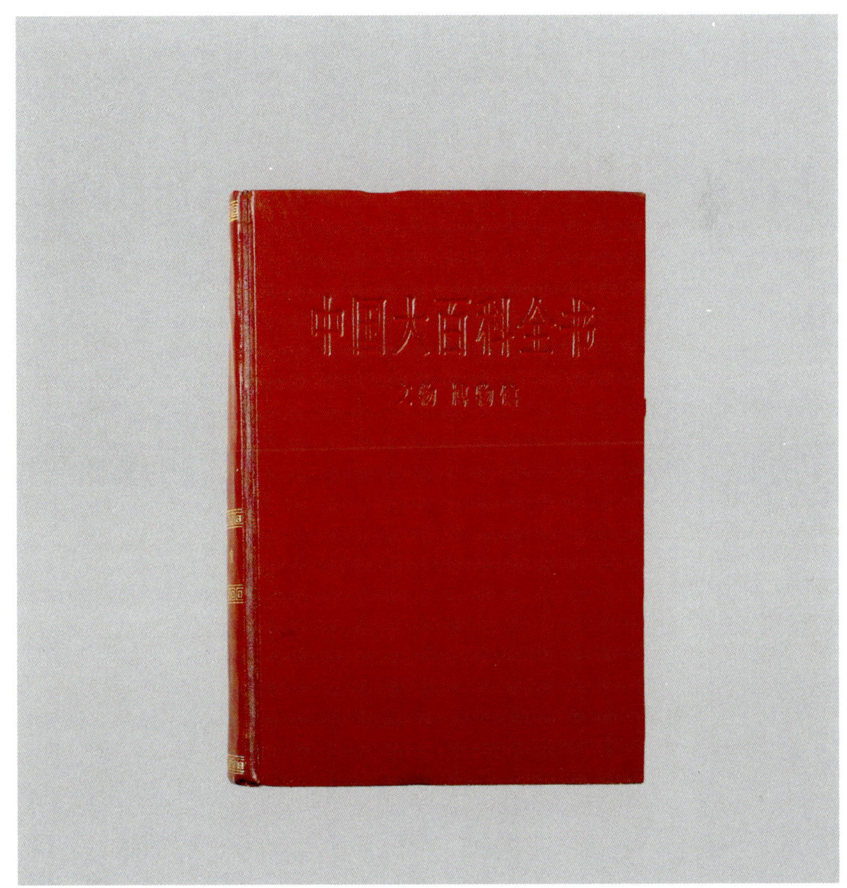

1993年1月,《中国大百科全书·文物博物馆卷》出版发行,谢辰生、吕济民分别担任此卷的文物编辑委员会、博物馆编辑委员会主任。

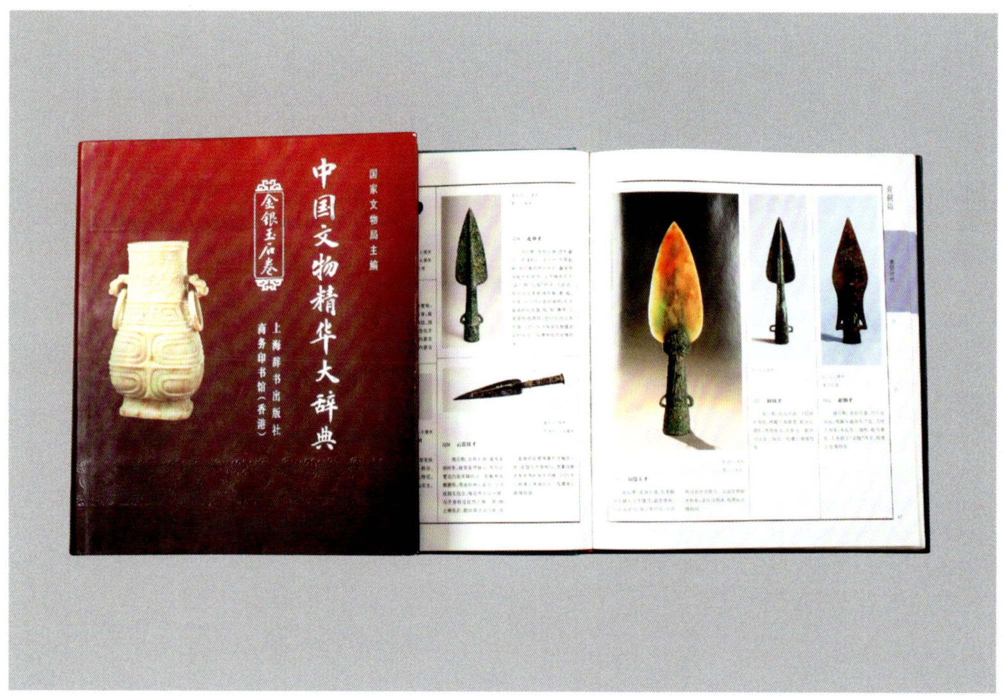

1995年，国家文物局主持编写的“中国文物系列辞书工程”图书（共计5种11卷）相继完成编著出版。其中《中国文物精华大辞典》在内地和港、台分别出版，并获得“国家图书奖”等奖项。

2000年10月，由国家文物局组织众多著名文物考古学家参与编撰的《二十世纪中国文物考古发现与研究丛书》陆续出版。这套丛书共60册，反映了20世纪中国考古学取得的辉煌成果。

（三）把握机遇 科学发展

（2002~2009 年）

2002 年 10 月，新修订的《文物保护法》公布实施，确立了“保护为主，抢救第一，合理利用，加强管理”的文物工作方针。2005 年 12 月，国务院印发《关于加强文化遗产保护的通知》，明确了文化遗产保护的指导思想、总体目标和措施，实现了从文物保护到文化遗产保护理念的飞跃。

在我国经济社会持续快速发展的新形势下，文物保护面临新机遇、新挑战，国家文物局坚持以科学发展观为指导，努力探索文物事业可持续发展的新思路，大力加强四项基础工作：以《文物保护法》为核心的文物法制体系初步形成；文物资源调查建档工作成效显著，第三次全国文物普查取得阶段性成果；人才队伍建设扎实推进；文物安全防范工作日益加强。文化遗产事业呈现繁荣发展的新局面。

2002 年 10 月，第九届全国人大常委会修订通过《中华人民共和国文物保护法》。新的《文物保护法》对原《文物保护法》进行了全面系统的修改和补充，将“保护为主，抢救第一，合理利用，加强管理”的文物工作方针上升为法律规定。修订后的《文物保护法》更好地适应了文物工作与社会发展的实际，符合社会主义市场经济与改革开放的时代要求，标志着我国文物保护法制进程又大大前进了一步。

2002 年 12 月，全国文物工作电视电话会议在北京中南海召开。山西、河南、西藏等省、自治区的负责同志介绍了认真贯彻《中华人民共和国文物保护法》、强化文物保护工作的经验。国务院副总理李岚清出席会议并发表重要讲话。

2003 年 2 月，全国人大教科文卫委员会和国家文物局在北京联合召开宣传贯彻《文物保护法》座谈会。全国人大常委会副委员长彭珮云（中）出席座谈会并讲话。

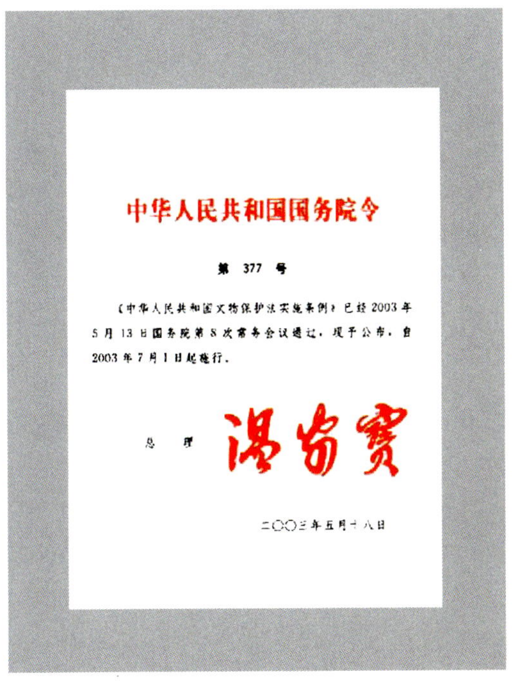

中华人民共和国国务院令

第 377 号

《中华人民共和国文物保护法实施条例》已经 2003 年 5 月 13 日国务院第 8 次常务会议通过，现予公布，自 2003 年 7 月 1 日起施行。

总 理 温家宝

二〇〇三年五月十八日

2003 年 7 月 1 日，《中华人民共和国文物保护法实施条例》开始施行。

2006 年 12 月 1 日，国务院颁布的《长城保护条例》正式施行，世界遗产保护工作进入法制化轨道。国家文物局陆续颁布《世界文化遗产保护管理办法》、《中国世界文化遗产监测巡视管理办法》和《中国世界文化遗产专家咨询管理办法》。

中华人民共和国文化部令

第 41 号

《世界文化遗产保护管理办法》已经 2006 年 11 月 14 日文化部部务会议审议通过，现予公布，自公布之日起施行。

孙家正

中华人民共和国文化部令

第 42 号

《文物进出境审核管理办法》已经 2007 年 7 月 3 日文化部部务会议审议通过，现予公布，自公布之日起施行。

部 长 孙家正

中华人民共和国文化部令

第 35 号

《博物馆管理办法》已经 2005 年
文化部部务会议审议通过，现予发布，
1 月 1 日起施行。

部 长 孙

二〇〇五年十

中华人民共和国文化部令

第 38 号

《古人类化石和古脊椎动物化石保护管理
法》已经 2006 年 7 月 3 日文化部部务会议审议
过，现予公布，自公布之日起施行。

部 长 孙家正

二〇〇六年八月七日

中华人民共和国文化部令

第 46 号

《文物认定管理暂行办法》已经 2009 年 8 月 5 日文化部部务会议审议通过，现予公布，自 10 月 1 日起施行。

部 长 蔡武

二〇〇九年八月十日

文化部公布实施的部分文化遗产保护工作管理办法、条例。

国家文物局举办全国文物保护法知识大赛，积极开展《文物保护法》宣传普及活动。

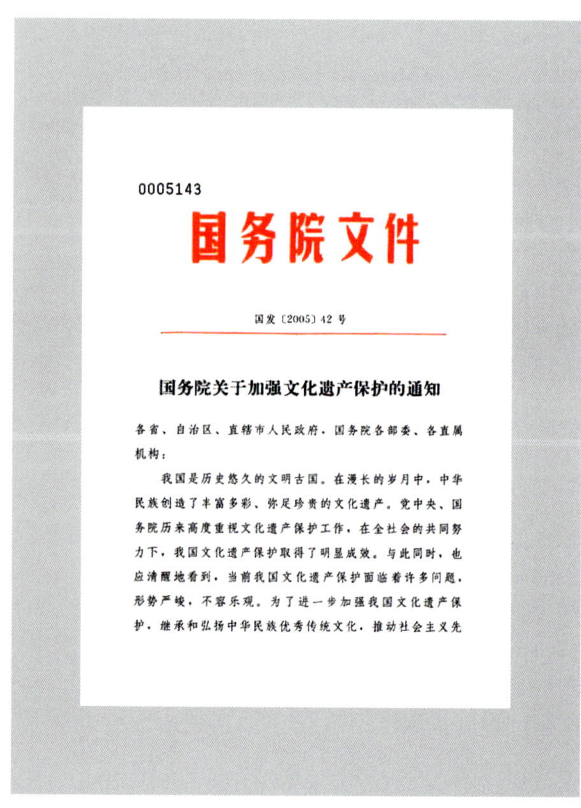

0005143

国务院文件

国发〔2005〕42号

国务院关于加强文化遗产保护的通知

各省、自治区、直辖市人民政府，国务院各部委、各直属机构：

我国是历史悠久的文明古国。在漫长的岁月中，中华民族创造了丰富多彩、弥足珍贵的文化遗产。党中央、国务院历来高度重视文化遗产保护工作，在全社会的共同努力下，我国文化遗产保护取得了明显成效。与此同时，也应清醒地看到，当前我国文化遗产保护面临着许多问题，形势严峻，不容乐观。为了进一步加强我国文化遗产保护，继承和弘扬中华民族优秀传统文化，推动社会主义先

2005年12月，国务院发出《关于加强文化遗产保护的通知》，明确了文化遗产保护的指导思想、总体目标和措施，决定从2006年起，每年6月的第二个星期六为我国的“文化遗产日”，以“文化遗产”一词拓宽了“文物”概念的内涵和外延，标志着我国文物事业进入了一个新的发展阶段。

2003 年 5 月，文化部颁发《文物保护工程管理办法》，文物保护工程开始实行资质管理。图为 2004 年，国家文物局召开第一次全国文物保护工程汇报会。

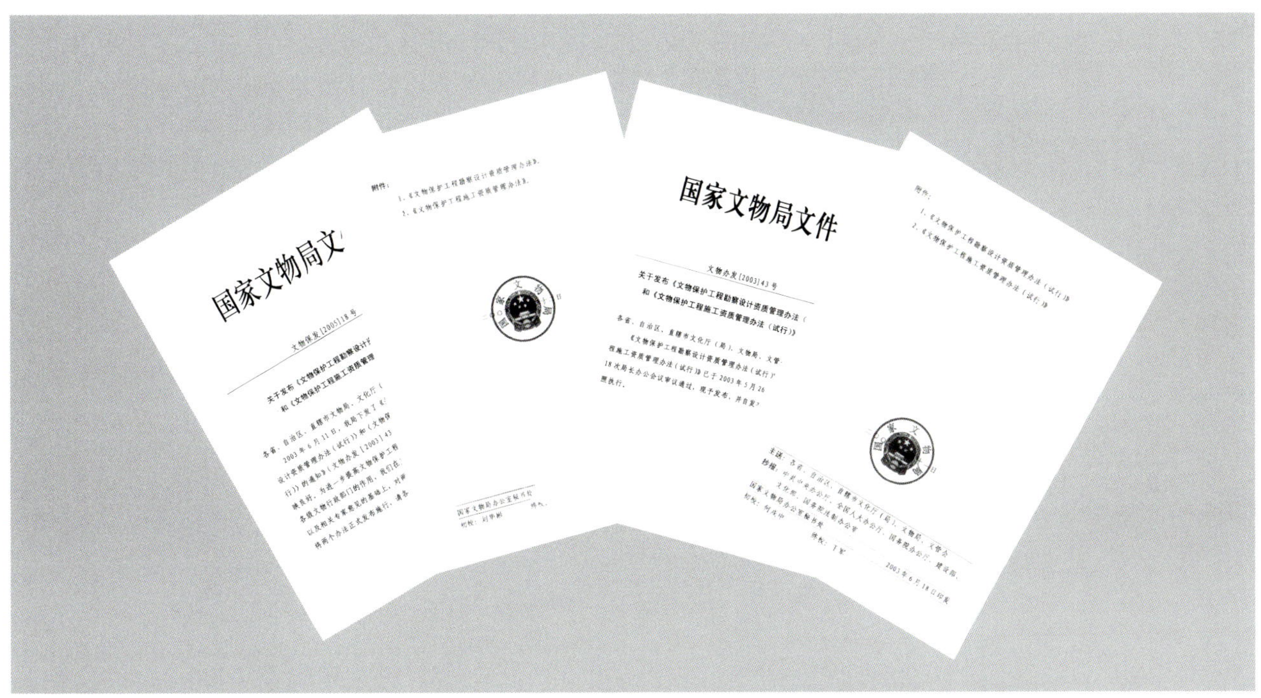

配合《文物保护工程管理办法》的实施，国家文物局相继出台《文物保护工程勘察设计资质管理办法》、《文物保护工程施工资质管理办法》、《文物保护工程监理资质管理办法》（试行）等法规规章。2004 年、2007 年颁发了第一、二批文物保护工程勘察单位、施工单位资质证书，2008 年颁发了第一批文物保护工程甲级监理资质单位的资质证书和第三批勘察设计施工单位资质证书，基本实现了文物保护工程资质管理。

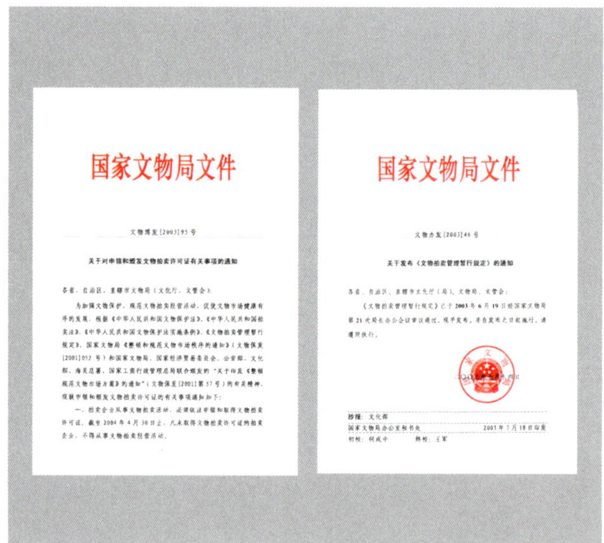

国家文物局文件

文物博发[2003]95号

关于对申领和颁发文物拍卖许可证有关事项的通知

各省、自治区、直辖市文物局（文化厅、文管会）：

为加强文物保护，规范文物拍卖经营活动，促使文物市场健康有序的发展，根据《中华人民共和国文物保护法》、《中华人民共和国拍卖法》、《中华人民共和国文物保护法实施条例》、《文物拍卖管理暂行规定》、国家文物局《整顿和规范文物市场秩序的通知》（文物保发[2001]052号）和国家文物局、国家经济贸易委员会、公安部、文化部、海关总署、国家工商行政管理总局联合颁发的"关于印发《整顿规范文物市场方案》的通知"（文物保发[2001]第57号）的有关精神，现就申领和颁发文物拍卖许可证的有关事项通知如下：

一、拍卖企业从事文物拍卖活动，必须依法申领和取得文物拍卖许可证。截至2004年4月30日止，凡未取得文物拍卖许可证的拍卖企业，不得从事文物拍卖经营活动。

国家文物局文件

文物办发[2003]46号

关于发布《文物拍卖管理暂行规定》的通知

各省、自治区、直辖市文化厅（局）、文物局、文管会：

《文物拍卖管理暂行规定》已于2003年6月19日经国家文物局第21次局长办公会议审议通过，现予发布，并自发布之日起施行，请遵照执行。

抄报：文化部

国家文物局办公室秘书处　2003年7月18日印发

初校：何戍中　终校：王军

2003年7月，国家文物局颁布《文物拍卖管理暂行规定》、《关于对申领和颁发文物拍卖许可证有关事项的通知》等规定，社会文物管理逐步走向法制化、制度化。

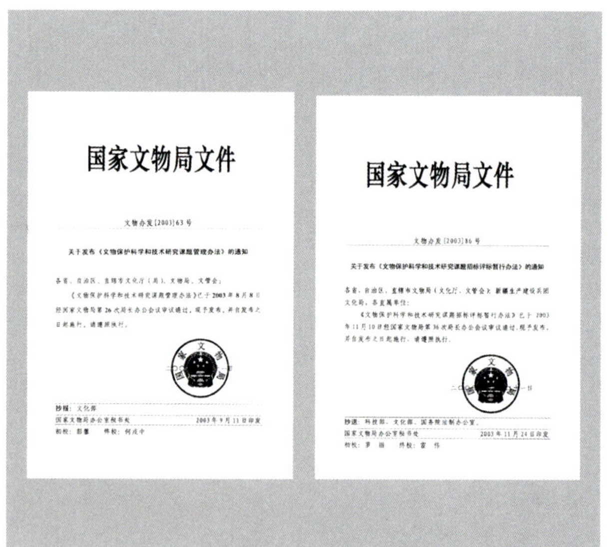

国家文物局文件

文物办发[2003]63号

关于发布《文物保护科学和技术研究课题管理办法》的通知

各省、自治区、直辖市文化厅（局）、文物局、文管会：

《文物保护科学和技术研究课题管理办法》已于2003年8月8日经国家文物局第26次局长办公会议审议通过，现予发布，并自发布之日起施行，请遵照执行。

抄报：文化部

国家文物局办公室秘书处　2003年9月11日印发

初校：彭馨　终校：何戍中

国家文物局文件

文物办发[2003]86号

关于发布《文物保护科学和技术研究课题招标评标暂行办法》的通知

各省、自治区、直辖市文物局（文化厅、文管会），新疆生产建设兵团文化局，各直属单位：

《文物保护科学和技术研究课题招标评标暂行办法》已于2003年11月10日经国家文物局第36次局长办公会议审议通过，现予发布，并自发布之日起施行，请遵照执行。

抄送：科技部、文化部、国务院法制办公室。

国家文物局办公室秘书处　2003年11月24日印发

初校：罗园　终校：雷伟

2003年9月以来，国家文物局制定了《文物保护科学和技术研究课题管理办法》、《文物保护科学和技术研究课题招标评标暂行办法》、《文物保护科学和技术研究课题评审程序暂行规定》、《文物保护科学和技术创新奖励办法（试行）》等，科技管理法规初步完善。

2007年，文化部颁布、国家文物局修订的《文物出境审核标准》、《文物进出境审核管理办法》，进一步丰富和完善了我国文物进出境审核管理的法规制度体系。图为中国海关请专家鉴定查获的走私文物。

新的《文物保护法》出台后，国家文物局加大文物保护力度，一大批重点文物保护单位得到保护修缮。图为2006年5月，国家文物局领导考察故宫太和殿维修工程。

西藏"十一五"重点文物保护工程暨江孜宗山抗英遗址保护工程开工典礼。

山西南部早期建筑保护工程开工仪式。

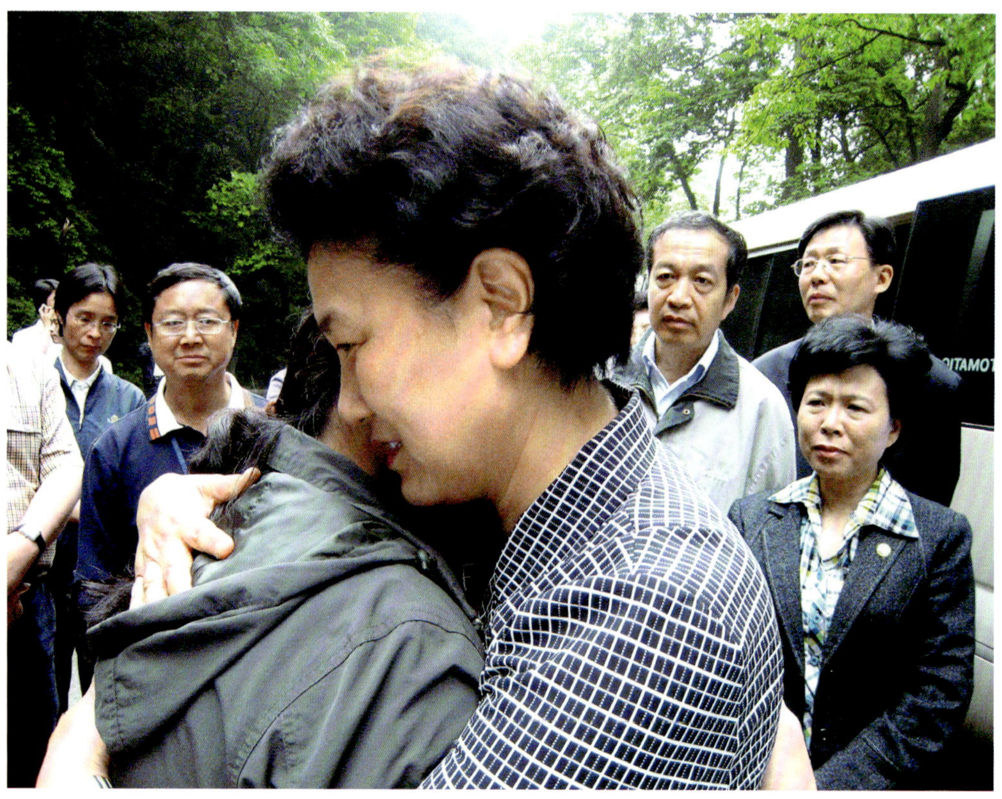

汶川地震后，中共中央政治局委员、国务委员刘延东深入世界遗产地都江堰视察灾情，与地震中失去亲人的都江堰文物系统职工张秀深情拥抱。

文化部部长蔡武赴四川考察抗震救灾及灾后恢复重建工作。

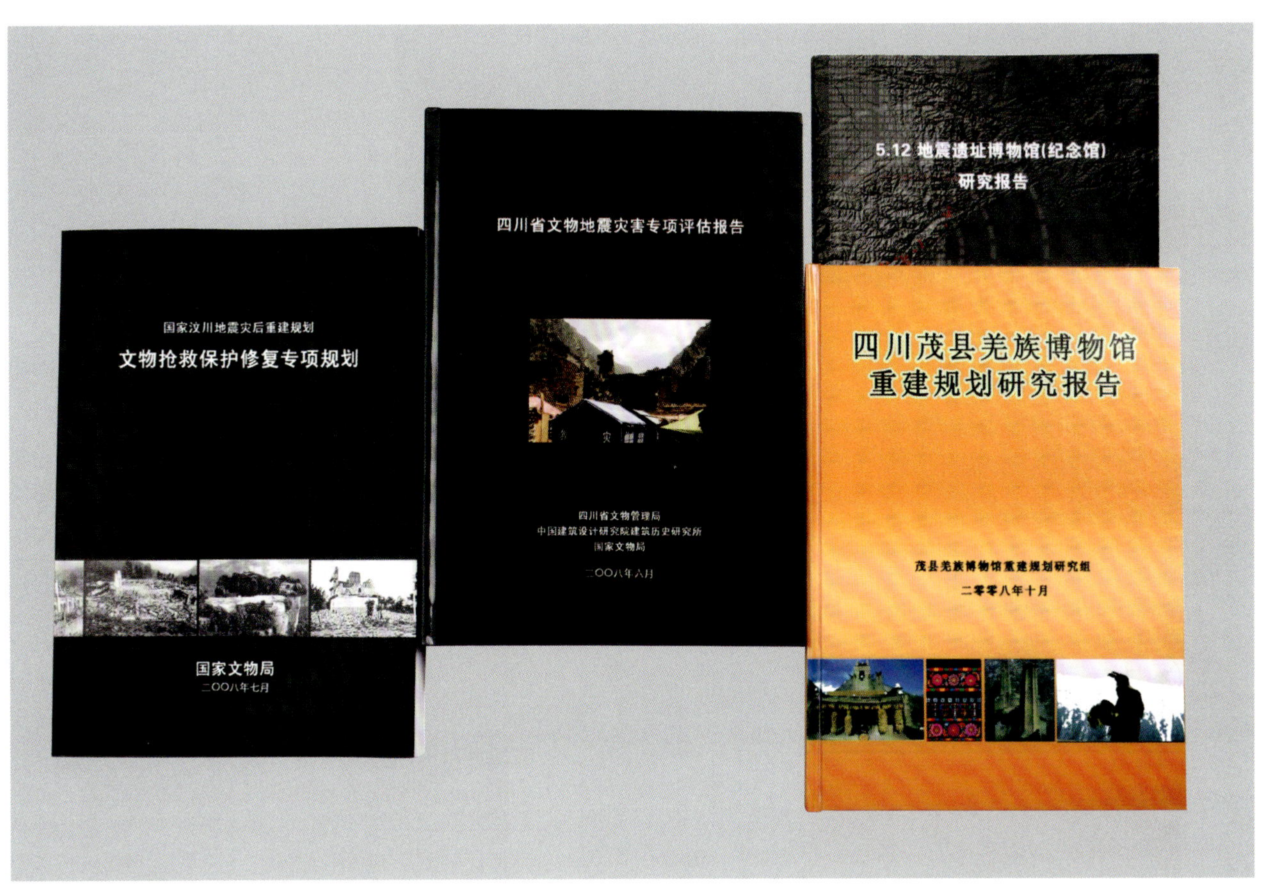

2008 年汶川地震后，国家文物局分别在川、渝、陕、甘等灾区召开抗震救灾现场会；6 月，国家文物局印发《关于做好汶川地震灾后文物抢救保护工作的意见》，积极部署灾后文物抢救工作；7 月，完成《汶川地震灾后文物抢救保护修复专项规划》。图为国家文物局制定的关于四川省汶川地震灾害评估报告及一系列灾后重建规划。

地震后受到严重损坏的羌族碉楼与村寨抢救保护工程开工仪式。

文物保护基础工作稳步推进。大部分文物保护单位实现了“四有”，第一至五批全国重点文物保护单位记录档案备案基本完成。图为国家文物局领导在中国文物研究所检查全国重点文物保护单位记录档案、全国馆藏一级文物建档备案工作。

2003年10月，建设部、国家文物局发布《中国历史文化名镇（村）评选办法》。自2003年以来，建设部和国家文物局共同组织评选公布了四批中国历史文化名镇143座和中国历史文化名村108座。图为第四批中国历史文化名镇名村授牌仪式。

2006 年，国务院公布第六批全国重点文物保护单位。已公布的全国重点文物保护单位总计 2352 处。图为被评为第六批全国重点文物保护单位的湖北黄石汉冶萍煤铁厂矿旧址。

全国重点文物保护单位批次数量表

批次	时间	数量
第一批	1961 年 3 月 4 日	180 处
第二批	1982 年 2 月 23 日	62 处
第三批	1988 年 1 月 13 日	258 处
第四批	1996 年 11 月 20 日	250 处
第五批	2001 年 6 月 25 日	518 处
另行单独公布，归入第五批	2002 年 11 月 22 日	1 处
另行单独公布，归入第五批	2003 年 3 月 2 日	1 处
另行单独公布，归入第五批	2003 年 4 月 3 日	1 处
第六批	2006 年 5 月 25 日	1080 处
另行单独公布，归入第六批	2009 年 9 月	1 处

2007 年 4 月，国家文物局印发《关十落实国务院通知精神 认真做好第二次全国文物普查的通知》。同年 7 月，成立国家文物局第三次全国文物普查办公室，全面启动普查工作。9 月 17 日，第三次全国文物普查电视电话工作会议召开，图为文化部部长孙家正主持会议。

由国家文物局主编，文物出版社出版的《第三次全国文物普查工作手册》及《三普人手记——第三次全国文物普查征文选集》。

2006 年 10 月，国家文物局与国家测绘局就合作开展长城地理信息资源调查签署协议，标志着“数字长城”建设工程进入实施阶段。2009 年 4 月，明长城长度测量完成，总长度为 8851.8 公里。图为国家文物局与国家测绘局签署合作协议。

考古与文化遗产保护

北京段长城测绘人员正在标图。

全国长城资源调查甘肃省试点工作总结报告。

为配合三峡工程建设而进行的文物抢救与保护工作，是我国对文化遗产进行的最大规模的一次有组织的、系统的抢救保护工程。至 2003 年 4 月，三峡库区已实施文物抢救保护项目 833 项，取得了一批重要科研成果，圆满完成了二期工程文物抢救保护工作。图为三峡库区迁建后的秭归凤凰山古建筑群。

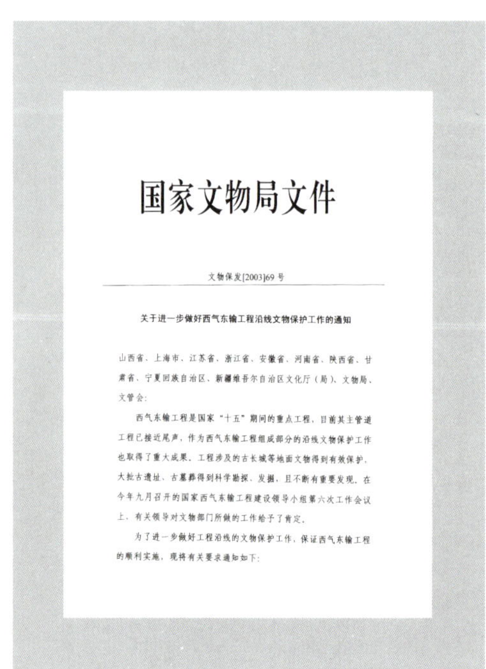

国家文物局文件

文物保发[2003]69 号

关于进一步做好西气东输工程沿线文物保护工作的通知

山西省、上海市、江苏省、浙江省、安徽省、河南省、陕西省、甘肃省、宁夏回族自治区、新疆维吾尔自治区文化厅（局）、文物局、文管会：

西气东输工程是国家“十五”期间的重点工程，目前其主管道工程已接近尾声，作为西气东输工程组成部分的沿线文物保护工作也取得了重大成果，工程涉及的古长城等地面文物得到有效保护，大批古遗址、古墓葬得到科学勘探、发掘，且不断有重要发现。在今年九月召开的国家西气东输工程建设领导小组第六次工作会议上，有关领导对文物部门所做的工作给予了肯定。

为了进一步做好工程沿线的文物保护工作，保证西气东输工程的顺利实施，现将有关要求通知如下：

2003 年 10 月，国家文物局印发《关于进一步做好西气东输工程沿线文物保护工作的通知》，西气东输文物保护工程全面启动。至 2007 年，西气东输沿线考古工作圆满完成。

2003 年 6 月，国家文物局、水利部联合印发《关于做好南水北调东、中线工程文物保护工作的通知》，2005 年，南水北调工程考古和文物保护工作正式启动，涉及项目 710 项。

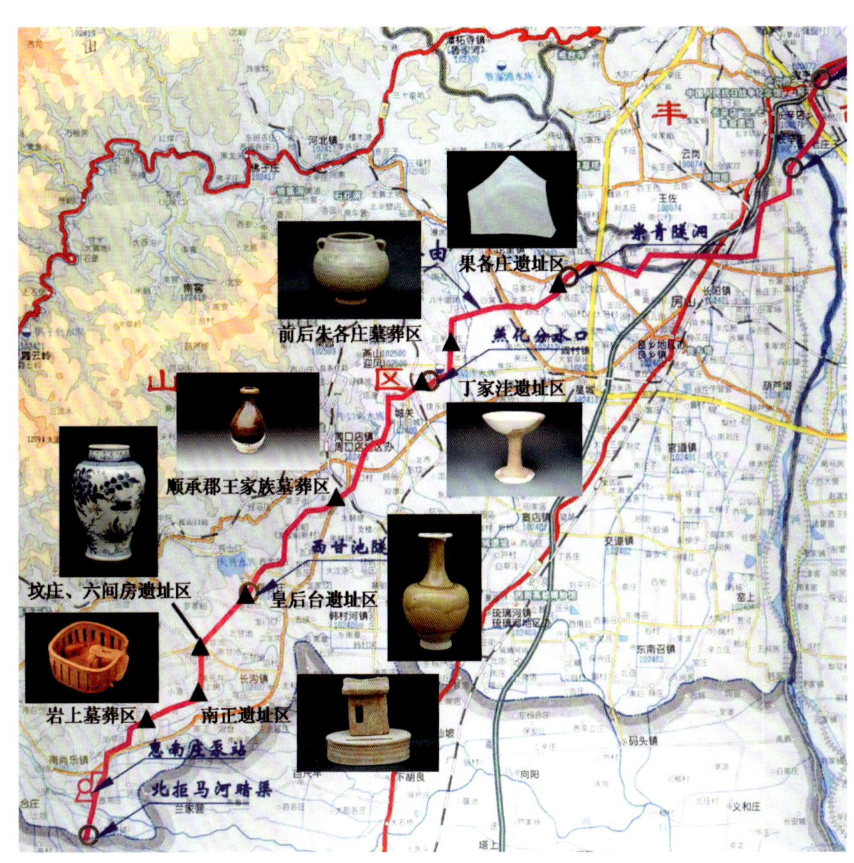

南水北调中线北京段遗址分布图。

全国政协委员视察南水北调工程。

2004 年，国家文物局组织编制《100 处国家重点大遗址保护规划纲要》。2005 年，中央财政设立大遗址保护专项资金。2006 年，国家制定了《“十一五”期间大遗址保护总体规划》，以西安片区、洛阳片区、长城、大运河和丝绸之路新疆段大遗址为核心的中国大遗址保护格局初步形成，大遗址保护工作进入全面展开的新阶段。

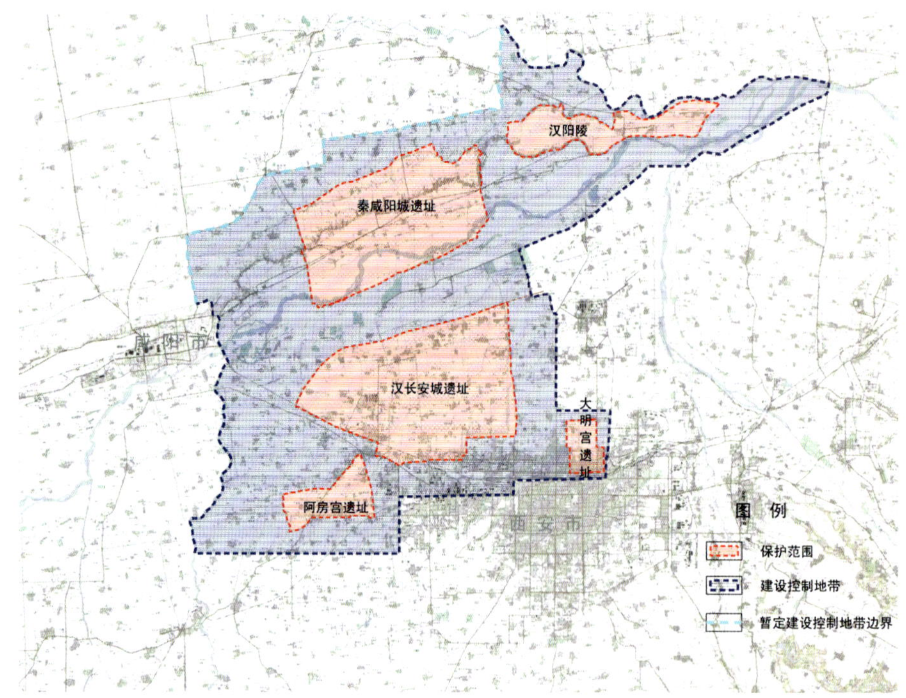

西安片区大遗址保护区划图。

洛阳大遗址保护工程开工奠基仪式。

2004 年 7 月，世界遗产委员会 28 届大会在苏州召开。会议通过了“苏州决定”等 200 多项大会决定，并发表了《世界遗产青少年教育苏州宣言》。

2005 年 10 月，国际古迹遗址理事会第 15 届大会在陕西西安举行。大会通过《西安宣言——保护历史建筑、古遗址和历史地区的环境》。

2006年，国家文物局完成了《中国世界文化遗产预备名单》重设工作，严格仿照国际评审世界遗产的程序进行，建立了完整的工作规程，综合考虑遗产的真实性、完整性，突出遗产品类的平衡性。图为列入《中国世界文化遗产预备名单》的南京明城墙（上）和内蒙古自治区正蓝旗元上都遗址（右）。

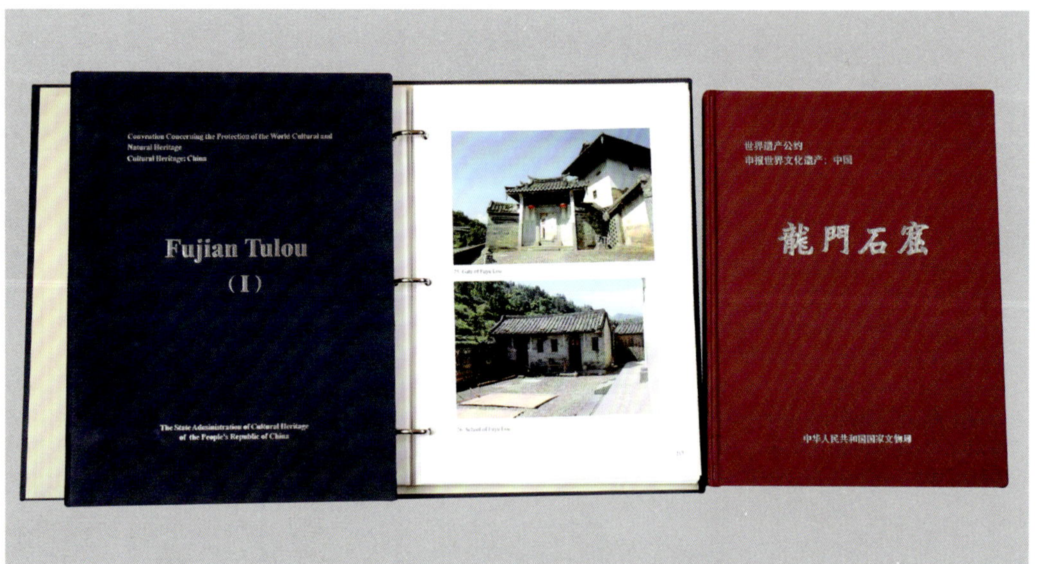

福建土楼、河南龙门石窟申报世界遗产的文本。

至2009年7月，我国拥有世界遗产38处，其中文化遗产27处，自然遗产7处，文化与自然混合遗产4处。

世界文化遗产——高句丽王城、王陵及贵族墓葬。

世界文化遗产——福建土楼。

2003 年 10 月，中共中央政治局常委李长春在河南考察时，做出“推动公益性文化事业贴近实际、贴近生活、贴近群众”的重要指示。12 月，中宣部、文化部、国家文物局联合印发《关于进一步加强博物馆宣传展示和社会服务工作的通知》，具体部署博物馆“三贴近”工作。

中华人民共和国文化部令

第 35 号

《博物馆管理办法》已经 2005 年 12 月 22 日文化部部务会议审议通过，现予发布，自 2006 年 1 月 1 日起施行。

部 长 孙家正

二〇〇五年十二月二十二日

《博物馆条例（征求意见稿）》及
部分参考资料汇编

国家文物局博物馆司
二〇〇七年五月

2005 年至 2008 年，国家文物局相继制定《博物馆管理办法》、《关于加强和改进博物馆工作的意见》，拟订《博物馆条例》（草案），博物馆法制建设和依法管理日益加强。图为文化部公布的《博物馆管理办法》和《博物馆条例》（征求意见稿）。

财政部、国家文物局自2001年起组织实施“文物调查及数据库管理系统”建设项目，计划于2010年完成全国文物系统馆藏珍贵文物的信息采集和数据库的建设与运行，馆藏文物数字化管理工作扎实推进。

2004年，由国家文物局部署的“全国馆藏文物腐蚀损失调查”行动正式在全国范围内启动。

2008年1月，中共中央宣传部、国家文物局等四部门联合印发《关于全国博物馆、纪念馆免费开放的通知》。3月，国家文物局印发《关于做好博物馆免费开放工作的实施意见》。至2009年，全国已有1450余座博物馆实行免费开放。图为免费开放后的湖北省博物馆。

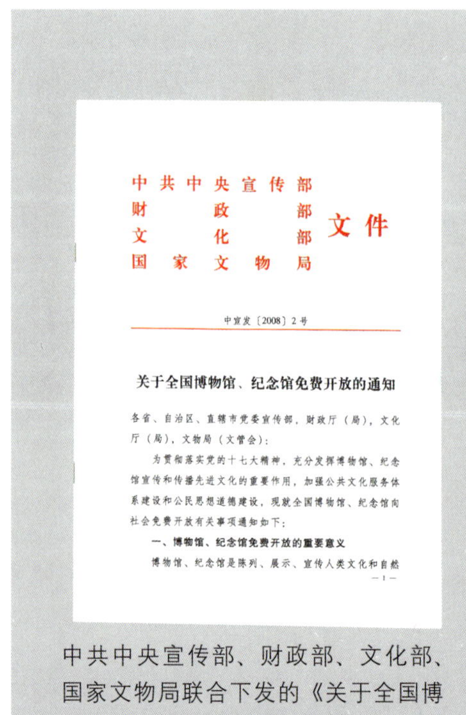

中共中央宣传部
财政部
文化部
国家文物局
文件

中宣发〔2008〕2号

关于全国博物馆、纪念馆免费开放的通知

各省、自治区、直辖市党委宣传部，财政厅（局），文化厅（局），文物局（文管会）：

为贯彻落实党的十七大精神，充分发挥博物馆、纪念馆宣传和传播先进文化的重要作用，加强公共文化服务体系建设和公民思想道德建设，现就全国博物馆、纪念馆向社会免费开放有关事项通知如下：

一、博物馆、纪念馆免费开放的重要意义

博物馆、纪念馆是陈列、展示、宣传人类文化和自然

—1—

中共中央宣传部、财政部、文化部、国家文物局联合下发的《关于全国博物馆、纪念馆免费开放的通知》。

国家文物局编印的《博物馆免费开放参观指南》。

国家文物局启动博物馆质量评估工作，评估认定首批一级博物馆。2008 年 5 月，印发《关于发布首批国家一级博物馆名单的决定》，故宫博物院等 83 家单位获此称号。2009 年，开展了二、三级博物馆的评估，7 月，认定全国 171 家二级博物馆和 288 家三级博物馆。

国家一级博物馆授牌仪式。

自1998年从英国成功索回3000多件中国文物以来，国家文物局不断加强追索非法流失海外中国文物的工作，取得了可喜成果。

2001年	从美国索回被盗的河北曲阳五代王处直墓彩色石雕像1件
2001年	加拿大国家美术馆将龙门石窟石雕佛像1件归还中国
2002年	从美国索回古生物化石93箱、110件
2003年	从美国索回陕西西安被盗掘的6件汉代陶马俑
2003年	从香港索回河北承德被盗珍贵文物49件
2005年	瑞典东亚博物馆将1件汉代陶马俑归还中国
2008年	从丹麦索回中国文物156件

国家文物鉴定委员会专家赴丹麦鉴定流失的中国文物。

从丹麦索回的中国文物。

从 2002 年起，财政部、国家文物局设立了国家重点珍贵文物征集专项经费，明确以流失海外的中国珍贵文物为征集重点。先后成功购回了北宋米芾《研山铭》、商代“子龙”铭青铜大圆鼎等多批重要的文物精品。

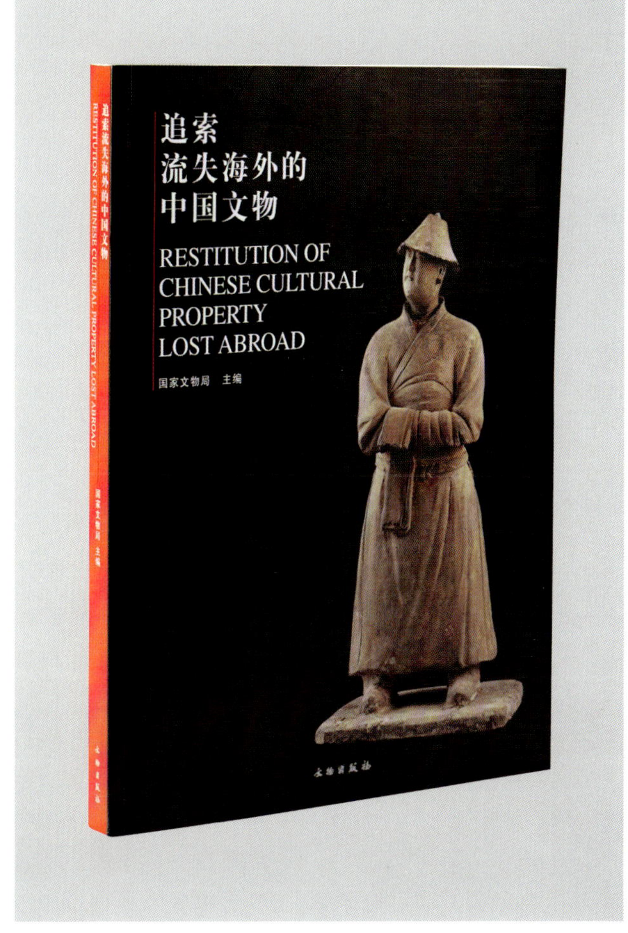

为促进文物追索领域的国际合作，唤起更多民众对文物追索工作的关注和支持，国家文物局和外交部、公安部、文化部在 2008 年“文化遗产日”前夕，联合举办了“成功追索流失海外的中国文物”专题展览。展览展出了 5 批我国从海外追索的流失文物共 195 件，集中反映了中国近年来争取文物返还的主要成果和多种成功模式。图为配合展览的图册《追索流失海外的中国文物》。

自 2004 年起，国家文物局分批建立了古代壁画、陶质彩绘保护等 12 家重点科研基地，它们在文物保护、科学研究、成果推广等方面发挥了重要作用。图为古代壁画保护国家文物局重点科研基地揭牌仪式。

2006 年 1 月，全国科学技术大会在北京人民大会堂举行。国家文物局博物馆司被国家科技奖励办公室评为 2005 年国家科技奖励工作先进集体。

2006年11月，国家文物局印发《文化遗产保护科学和技术发展“十一五”规划》；文化遗产保护领域首次有4个项目15项课题纳入国家科技支撑计划。图为2007年4月，科技部、国家文物局在京联合召开“文化遗产保护领域国家科技支撑计划课题启动实施大会”。

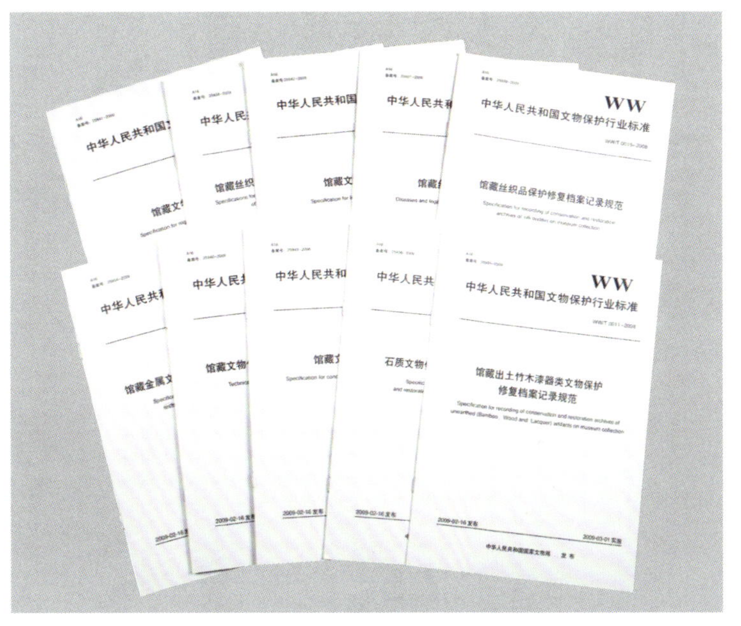

文物保护标准化建设从无到有。截至2009年10月，已有30项标准制修订项目列入国家标准制修订计划，49项标准制修订项目列入行业标准制修订计划，23项文物行业标准已正式颁布。这是颁布的文物博物馆行业标准文本。

2005年起，国家文物局组织开展了“指南针计划——中国古代发明创造的价值挖掘与展示”专项。2008年，在其阶段性成果基础上，举办了“奇迹天工——中国古代发明创造文物展”，成为北京奥运会期间的一项重要文化活动，受到党和国家领导人的高度赞扬。

2006 年至 2008 年，国家文物局组织开展了“中华文明探源工程（二）”，该项目列入了科技部国家科技支撑计划重点项目。在其成果基础上，2009 年 10 月，举办了“早期中国——中华文明起源展”，引起社会的广泛关注。

国家文物局制定的《指南针计划——中国古代发明创造的价值挖掘与展示专项总体规划》及《指南针计划——中国古代发明创造的价值挖掘与展示分专项规划及项目库》。

贾庆林出席中国援助柬埔寨吴哥古迹周萨神庙保护工程竣工庆典后与中国文物代表团及部分工程技术人员合影。

2006 年，中国政府无偿援助蒙古国文化遗产保护项目——蒙古国博格达汗宫前区古建维修工程。

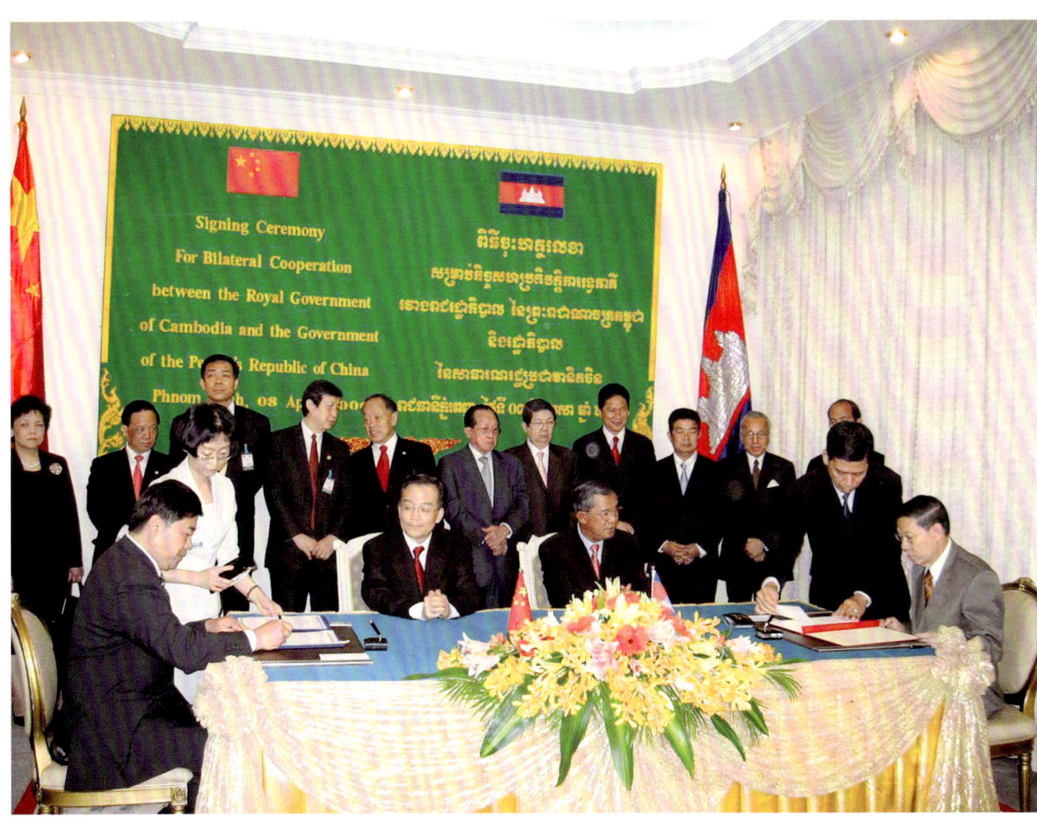

2006年，中华人民共和国国家文物局和柬埔寨王国文物局签署《中华人民共和国国家文物局和柬埔寨文物局关于保护吴哥古迹二期项目的协议》。

2006年9月，中华人民共和国国家文物局与意大利文化遗产部签署了《中华人民共和国国家文物局与意大利文化遗产部关于合作建立中意文化遗产保护中心的谅解备忘录》，标志着继政治和经济领域后，中意两国在文化遗产领域的战略伙伴关系已经形成。

国家文物局与秘鲁、意大利、印度、菲律宾、智利、希腊、塞浦路斯、委内瑞拉、美国、土耳其、澳大利亚和埃塞俄比亚等12国签署了“防止盗窃、盗掘和非法进出境文物的双边协定”或谅解备忘录。图为中国与委内瑞拉（上）、希腊（左）的签字仪式。

2009年1月，中美签署《中华人民共和国政府和美利坚合众国政府对旧石器时代到唐末的归类考古材料以及至少250年以上的古迹雕塑和壁上艺术实施进口限制的谅解备忘录》。

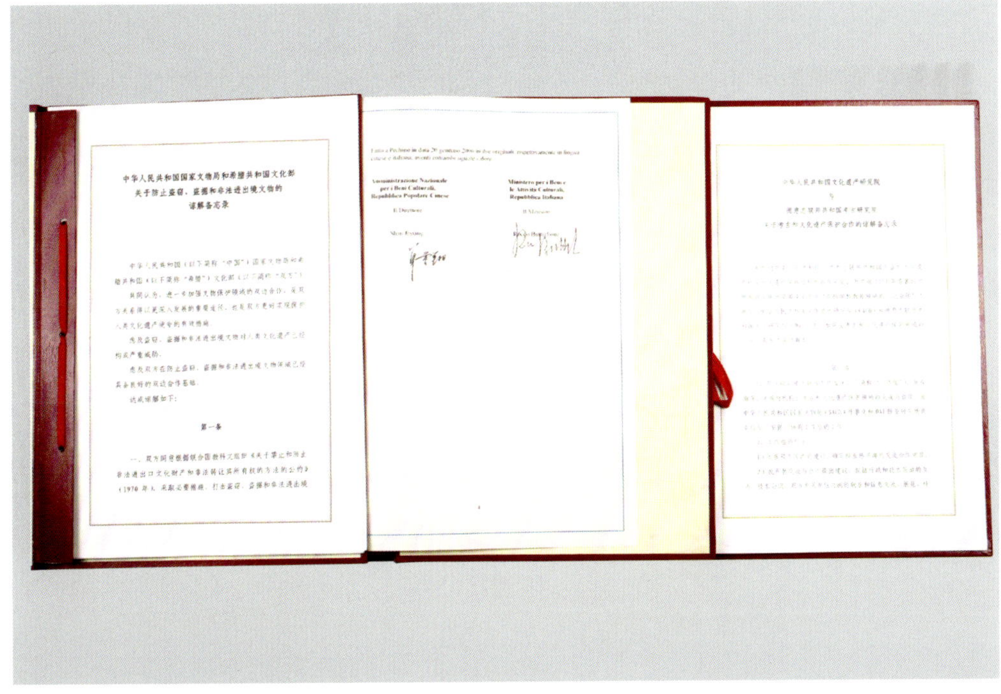

中国与意大利、希腊、德国就防止盗窃、盗掘和非法进出境文物及文化遗产保护合作签署的谅解备忘录。

中国分别与法国、俄罗斯举办文化年活动，双方互换文物展览。图为胡锦涛主席和希拉克总统共同参观中法文化年展览。

2004 年至 2006 年，国家文物局举办的“走向盛唐展”，先后在美国、中国香港、日本进行巡展，获得巨大成功。这是近年来国家文物局举办的出境文物展览中规模最大、规格最高、展品最丰富的展览之一。图为日本三位前首相同时出席“走向盛唐展”在东京的开幕式。

由国家文物局与意大利文化遗产与艺术活动部共同主办的“秦汉——罗马文明展”于 2009 年 7 月 30 日在北京开幕。图为文化部部长蔡武出席展览开幕式。

国家文物局与相关国际组织和意大利、法国、日本、美国、澳大利亚等国家进行了富有成效的合作培训。中外合作人才培养项目不断取得新进展。

阿拉伯国家文物修复专家培训班。

中日韩合作丝绸之路沿线文物保护修复技术人员培养计划。

中法合作中国博物馆高级管理人员培训班。

中国和意大利合作文物保护修复培训班。

2006 年，国家文物局与美国盖蒂研究所的合作已经进入第六阶段，由于敦煌壁画保护项目成果显著，盖蒂研究所该项目负责人内维尔•阿格纽先生被我国政府授予 2006 年度国际科技合作奖。

2006 年，国家文物局与美国梅隆基金会合作在北京召开了中美博物馆论坛。

国家文物局将教育培训列入四项基础工作之一，自2003年开始连续5年举办文物局局长、博物馆馆长、考古所所长、古建所所长培训班。

省级文物局局长专业管理干部培训班

省级博物馆馆长专业管理干部培训班

省级文物考古研究所所长专业管理干部培训班

省级古建所所长专业管理干部培训班

2002年以来，国家文物局结合文化遗产保护工作实际，陆续举办了古建筑维修、考古发掘、文物保护规划、文物出境鉴定、文物安全保卫等保护修复专业技术培训班，一批专业技术人员业务水平得到迅速提高，正在成为各个机构的业务骨干。各类专业技术培训收到明显实效。

2005年世界文化遗产保护管理机构负责人培训班结业仪式。

2009年西藏自治区文物保护工程培训班开幕式。

自 2005 年以来国家文物局在全国开展行政执法专项督察活动，将督察中发现的涉及文物的严重违法案件列为年度重点督办案件，进一步加大行政执法工作力度。

2005 年 7 月，第一督察组在山西考察。

2005 年 6 月，第二督察组在陕西考察。

2005 年 7 月，第三督察组在浙江考察。

2005 年 7 月，第四督察组在天津考察。

国家文物局与相关部门联合执法，打击文物犯罪，并对保护文物有功的单位和个人进行表彰。

国家文物局联合湖南省人民政府对长沙“12 · 29”古墓葬被盗掘系列案件侦破工作给予表彰。

国家文物局、福建省人民政府、福州市人民政府召开保护水下文物安全表彰大会。

国家文物局、公安部、海南省人民政府授予潭门边防派出所“文物保护特别奖”暨“爱民固边模范边防派出所”荣誉称号表彰大会。

从 2003 年至今，国家文物局已开展过 12 次司、处级领导职位竞争上岗，一批同志通过竞争上岗走上新的领导岗位。

机关建设

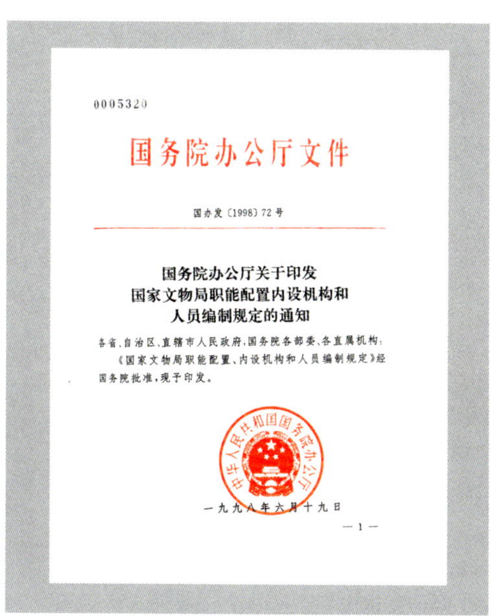

0005320

国务院办公厅文件

国办发〔1998〕72号

国务院办公厅关于印发
国家文物局职能配置内设机构和
人员编制规定的通知

各省、自治区、直辖市人民政府，国务院各部委、各直属机构：

《国家文物局职能配置、内设机构和人员编制规定》经国务院批准，现予印发。

中华人民共和国国务院办公厅

一九九八年六月十九日

—1—

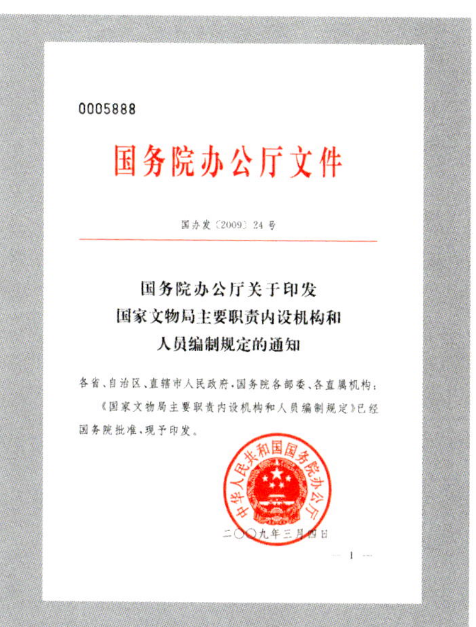

0005888

国务院办公厅文件

国办发〔2009〕24号

国务院办公厅关于印发
国家文物局主要职责内设机构和
人员编制规定的通知

各省、自治区、直辖市人民政府，国务院各部委、各直属机构：

《国家文物局主要职责内设机构和人员编制规定》已经国务院批准，现予印发。

中华人民共和国国务院办公厅

二〇〇九年三月

—1—

国务院办公厅关于印发国家文物局主要职责内设机构和人员编制规定的通知。

12月14日　法制·科教·安保　China Cultural Relics News　本版责编　郭桂香　电话：(010)64010694　3

国家文物局机关工作人员守则

（国家文物局2001年12月10日修订）

一、勤奋学习。认真学习马列主义、毛泽东思想、邓小平理论，认真学习江泽民同志"三个代表"的重要思想，坚决贯彻执行党的基本路线和各项方针政策，讲学习、讲政治、讲正气，牢固树立建设有中国特色社会主义的共同理想和正确的世界观、人生观、价值观。学习科技和专业知识，不断提高政治、业务素质。

二、依法行政。增强法制观念，认真学习《文物保护法》和相关法律知识，严格依法行政。恪守公务员职责，保守文物工作机密，不拿原则作交易。

三、扎实工作。树立全心全意为人民服务的宗旨观念，改进工作作风，服从领导，服务大局，提高工作效率。自觉遵守机关工作制度，严格按规定程序办事，不推委、不拖拉、不越权。工作精益求精，讲效率、讲质量、讲奉献。

四、加强团结。坚持五湖四海，勇于批评和自我批评；关心集体，诚实守信，谦虚谨慎，团结协作；反对极端个人主义和损人利己行为。

五、廉洁自律。正确行使权力，公开、公平、公正处理公务。遵守廉洁自律有关规定，不以权谋私，不徇私舞弊，做到自重、自省、自警、自励。坚持深入基层，密切联系群众，下基层食宿要从简，为基层解决困难要主动。

六、弘扬正气。严守文物工作者职业道德，个人不收藏、买卖文物，不在文物交易活动中充当掮客；在对外交流活动中，不卑不亢，自觉维护国家和民族尊严。

七、讲究文明。衣着整洁，仪表端庄，举止大方，礼貌待人；保持优美环境，维护公共秩序，坚持优质服务，树立良好形象。

八、崇尚公德。倡导家庭和睦、邻里和谐、尊老爱幼、助人为乐、见义勇为，保护环境的社会公德，履行公民义务，模范遵纪守法。

中国文物博物馆工作者职业道德准则

（国家文物局2001年12月10日修订）

为加强文物、博物馆全行业社会主义精神文明建设，努力实践代表中国先进文化的前进方向的要求，认真履行保护祖国历史文化遗产的神圣职责，文物、博物馆工作者必须严格遵守国家有关文物保护的法律法规和方针政策，提高职业道德修养，自重、自省、自警、自励，为繁荣和发展社会主义文物、博物馆事业做出贡献。

一、坚持正确的政治方向。热爱中国共产党、热爱祖国、热爱人民，热爱社会主义。坚持全心全意为人民服务，为社会主义服务，讲学习、讲政治、讲正气，牢固树立建设有中国特色社会主义的共同理想和正确的世界观、人生观、价值观。

二、忠诚文物保护事业。坚决贯彻执行党和国家"保护为主，抢救第一"的文物工作方针和"有效保护，合理利用，加强管理"的原则，积极宣传、严格遵守《文物保护法》，依法行使权力，恪尽职守，爱岗敬业，不断增强做好文物、博物馆工作的历史使命感和社会责任感。

三、努力提高业务水平。认真学习文博业务和科技知识，钻研本岗位业务技能，脚踏实地，勤奋工作，努力创造优异的工作成绩。

四、发扬团结奋斗精神。相互尊重，团结协作，诚实守信，弘扬正气，克己奉公，甘于奉献；执行廉洁自律的各项规定，反对拜金主义、享乐主义和极端个人主义。

五、维护国家对国有文物的所有权。严禁将国家所有的文物作为礼品赠送给任何单位和个人，严禁出售或变相出售馆藏文物。在为国家或单位征集和收购文物时，所收购的文物及相关资料必须全部归公；对出土文物必须按照规定上缴国有。严禁隐瞒私存，严禁为自己或他人留存文物。

六、遵守文物法规和职业纪律。不以个人或家属、子女名义收藏文物，不参与买卖文物。发现文物被盗窃、盗掘或受到损坏，必须立即报告。在从事文物调查、考古发掘、陈列展示、宣传出版等工作中所获得的文物和信息资料，必须及时上缴主管单位存档，任何人不得私自占有。反对垄断文物信息资料及利用其谋取私利的行为。

七、树立文物主权意识、知识产权意识和安全保护意识。在外事活动中，自觉维护国家主权、民族的尊严和权益。对外合作、交流项目必须依照规定程序进行，个人不得向外方做出任何承诺。严守国家机密，未经规定程序批准，任何人不得擅自对外提供未经发表的文物信息资料。

八、倡导文明礼貌的社会公德。用文明礼貌、助人为乐、爱护公物、保护环境、遵纪守法等社会公德规范自己的言行，继承中华民族优秀文化，弘扬时代主旋律，做有理想、有道德、有文化、有纪律的文物、博物馆工作者。

2001年12月，国家文物局修订《中国文物博物馆工作者职业道德准则》、《国家文物局机关工作人员守则》。

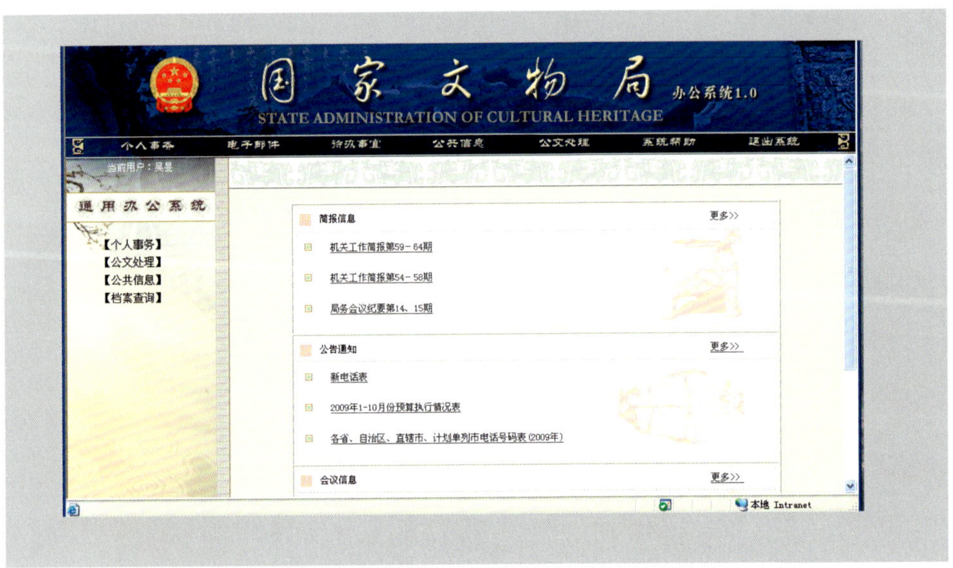

2006年，国家文物局实行电子化办公。

机关建设

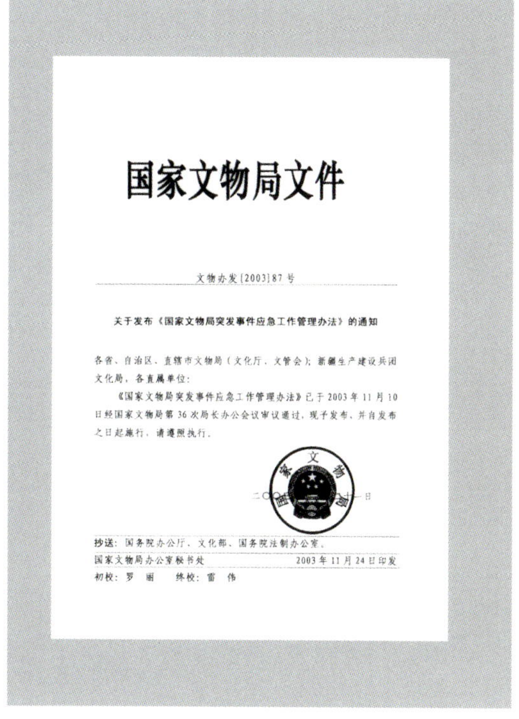

国家文物局文件

文物办发[2003]87号

关于发布《国家文物局突发事件应急工作管理办法》的通知

各省、自治区、直辖市文物局（文化厅、文管会）；新疆生产建设兵团文化局，各直属单位：

《国家文物局突发事件应急工作管理办法》已于2003年11月10日经国家文物局第36次局长办公会议审议通过，现予发布，并自发布之日起施行，请遵照执行。

抄送：国务院办公厅、文化部、国务院法制办公室。

国家文物局办公室秘书处　　2003年11月24日印发

初校：罗　丽　　终校：雷　伟

国家文物局依法行政能力和行政管理水平日益提高。2003年11月《国家文物局突发事件应急工作管理办法》的实施，在建立健全预警和应急机制，应对突发事件和风险能力方面得到了加强。

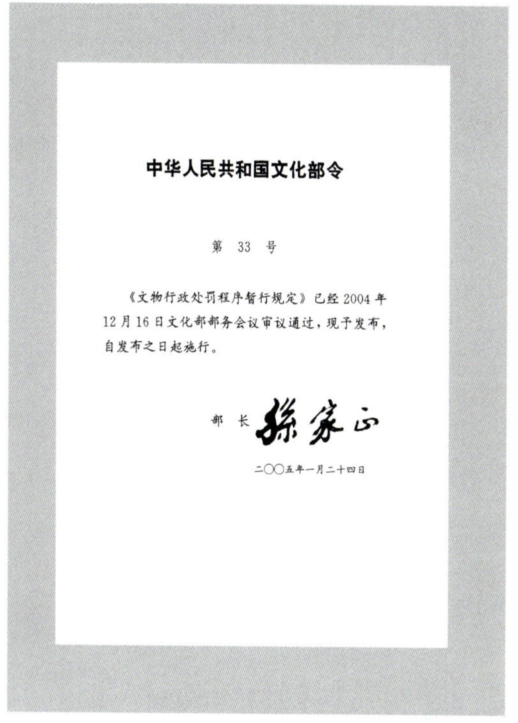

中华人民共和国文化部令

第　33　号

《文物行政处罚程序暂行规定》已经2004年12月16日文化部部务会议审议通过，现予发布，自发布之日起施行。

部　长　孙家正

二〇〇五年一月二十四日

2004年12月，文化部颁布的《文物行政处罚程序暂行规定》为规范行政执法工作、落实执法岗位责任制提供了操作规程和行动指南。

2007年，国家文物局召开第一次局务扩大会议。

国家文物局政务公开网页

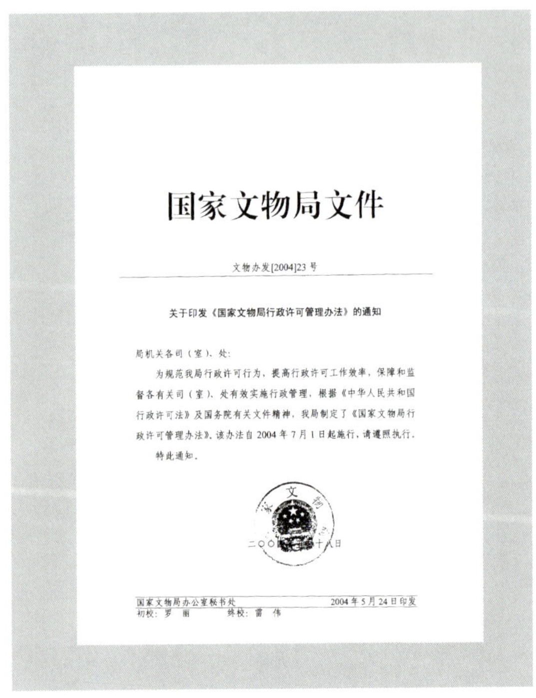

国家文物局文件

文物办发[2004]23号

关于印发《国家文物局行政许可管理办法》的通知

局机关各司（室）、处：

为规范我局行政许可行为，提高行政许可工作效率，保障和监督各有关司（室）、处有效实施行政管理，根据《中华人民共和国行政许可法》及国务院有关文件精神，我局制定了《国家文物局行政许可管理办法》，该办法自2004年7月1日起施行，请遵照执行。

特此通知。

二〇〇[illegible]十八日

国家文物局办公室秘书处　　2004年5月24日印发

初校：罗 丽　　终校：雷 伟

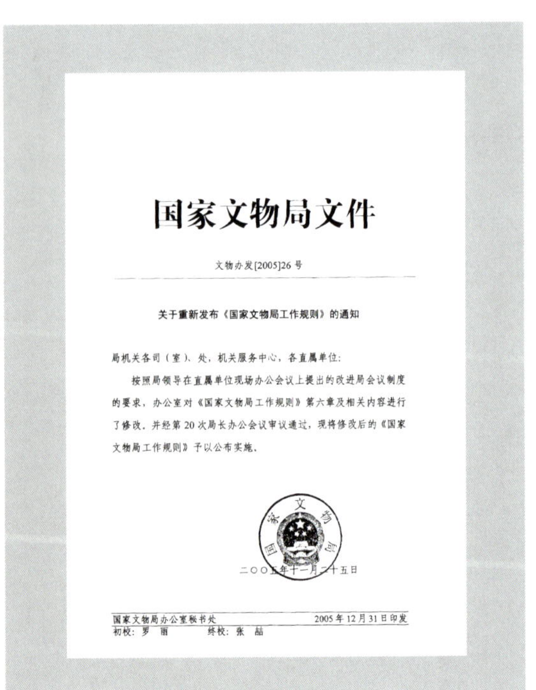

国家文物局文件

文物办发[2005]26号

关于重新发布《国家文物局工作规则》的通知

局机关各司（室）、处，机关服务中心，各直属单位：

按照局领导在直属单位现场办公会议上提出的改进局会议制度的要求，办公室对《国家文物局工作规则》第六章及相关内容进行了修改，并经第20次局长办公会议审议通过，现将修改后的《国家文物局工作规则》予以公布实施。

二〇〇五年十一月二十五日

国家文物局办公室秘书处　　2005年12月31日印发

初校：罗 丽　　终校：张 喆

2004年7月《国家文物局行政许可管理办法》、2005年3月《国家文物局工作规则》的出台进一步提高了文物行政管理水平。

2005 年 1 月，国家文物局开展保持共产党员先进性教育活动。图为国家文物局全体党员在李大钊烈士陵园举行重温入党誓词活动。

2005 年 9 月，中共国家文物局直属机关第四次代表大会召开。

国家文物局党组高度重视反腐倡廉建设，每年都要召开党风廉政工作会议，不断健全廉政制度。

2008 年 10 月，国家文物局开展深入学习实践科学发展观活动。

国家文物局直属机关党委组织开展主题党日活动。

国家文物局直属机关党委举办党务干部培训班。图为党务干部在敦煌考察。

国家文物局 2007 年入党积极分子培训班。

国家文物局直属机关党委表彰先进党支部、优秀共产党员和优秀党务工作者。

国家文物局积极开展定点帮扶工作。图为2000年5月，在甘肃天水秦安县挂职锻炼并担任副县长的李培松向考察扶贫工作的张文彬局长介绍兴国寺维修情况。

国家文物局在帮助维修秦安县兴国寺的同时，投资120万元，帮助新建秦安县博物馆。

国家文物局援建的秦安县博文希望小学（上）和武山县棋盘文博希望小学（下）。

2007 年 5 月，国家文物局举办“创建和谐机关，争做人民满意公务员”座谈会。

国家文物局团委三次组织“重走长征路”活动。

国家文物局与人事部开展全国文物工作先进工作者和先进集体表彰活动。图为 2007 年全国文物工作先进工作者表彰大会现场。

2003 年起，文化部、国家文物局 5 次联合表彰全国文物工作先进县。图为 2007 年全国文物工作先进县表彰大会现场。

国家文物局在京召开文物系统抗震救灾先进集体、先进个人表彰会，分别表彰了在四川汶川大地震中做出突出贡献的四川及各受灾省份文物保护先进集体和先进个人。

2008年汶川地震后，国家文物局组织党员干部职工向灾区捐款50万元，缴纳“特殊党费”35万多元。

国家文物局党组十分重视离退休老干部工作，在政治上关心、生活上照顾，使老同志老有所为、老有所养、老有所乐。

《永远的记忆》发行仪式

给老同志过生日

党支部活动

运动会太极拳表演

参观鸟巢

国家文物局春节联欢会

为展示国家文物局干部职工朝气蓬勃、昂扬向上的精神风貌，进一步激发大家推进文化遗产事业科学发展的热情和力量，局机关党委、工会、团委、妇工委等举办了一系列丰富多彩的活动。

歌咏比赛

乒乓球赛

运动会

植树活动

篮球比赛

和谐家庭颁奖活动

2009 年 6 月，文化部、国家文物局隆重表彰 21 位文博界老专家，授予他们“中国文物、博物馆事业杰出人物”称号。国家文物局离休干部谢辰生、罗哲文获此殊荣。

罗哲文荣获“从事文物、博物馆工作 60 年”称号的荣誉证书。

谢辰生荣获“中国文物、博物馆事业杰出人物”的奖牌。

寻找与守望

演唱 谭晶

孙家正　词
孟卫东　曲

拨开岁月的迷雾 远离现代的喧嚣 攀缘峭立的山崖 踏遍荒草萋萋的古道
多少个严寒酷暑 多少个孤灯通宵 凝视你尘封的斑驳 感受你会心的微笑

寻找 寻找 寻找寻找 一千遍 一万遍的寻找 寻找寻找寻找 寻找一千遍一万遍的寻找 寻找 寻找源头 寻找根脉 寻找回家的小路 寻找 我的魂牵梦绕
守望 守望 守望守望 一千年 一万年的守望 守望守望守望 守望一千年一万年的守望 守 守望初衷 守望未来 守望精神的家园 守望 一个民族的骄傲

歌曲《寻找与守望》是原文化部部长孙家正于2005年7月为全国文物工作者撰写的一首诗，后经著名作曲家孟卫东谱曲，谭晶演唱。《珍爱》为文物工作者徐荣旋作曲，海政歌舞团著名词作家王持久作词。两首歌于2009年被国家文物局确定为中国文化遗产保护公益歌曲。

珍　爱

——太阳神鸟恋歌

王持久 词
徐荣旋 曲

Moderato ♩= 72
满怀深情地

你的生命与我同在，你的辉煌给我精彩，
为了让你永远微笑，历尽磨难痴心不改。
你的忧乐与我同在，你的伤痕痛我心怀，
含着热泪为你奔走，用心呵护深情似海。
伸出手来拂尽尘埃，风雨同心锃亮世界。
文脉千秋风华万代，我心永有一份珍爱。
渐慢　自由地
我心永有一份珍爱，一份珍爱。

附录

（一）国家文物局机构及领导人变迁表

（1949.11~1966.5）

<table>
<tr><th>时期</th><th>内设机构</th><th>局长</th><th>任职时间</th><th>副局长</th><th>任职时间</th></tr>
<tr><td>文化部文物局
（1949.11~1951.9）</td><td>办公室
图书馆处
博物馆处
文物处
资料室</td><td rowspan="4">郑振铎</td><td rowspan="4">1949.11~1955.3</td><td>王冶秋</td><td>1949.11~1955.3</td></tr>
<tr><td rowspan="3">文化部社会文化
事业管理局
（1951.10~1955.3）</td><td rowspan="3">办公室
文化馆处
博物馆处
图书馆处
文物处
资料室</td><td>王书庄</td><td>1951.10~1954.4</td></tr>
<tr><td>刘平</td><td>1952.12~1955.3</td></tr>
<tr><td>王振华</td><td>1954.11~1955.3</td></tr>
<tr><td rowspan="6">文化部文物管理局
（1955.3~1965.8）</td><td rowspan="6">办公室
文物管理处
博物馆管理处
资料室</td><td rowspan="2"></td><td rowspan="2"></td><td>王冶秋</td><td>1955.3~1955.8</td></tr>
<tr><td>王振华</td><td>1955.3~1955.8</td></tr>
<tr><td rowspan="6">王冶秋</td><td rowspan="6">1955.8~1966.5</td><td>王书庄</td><td>1956~1966.5</td></tr>
<tr><td>王振华</td><td>1955.8~1958 夏</td></tr>
<tr><td>李长路</td><td>1962.6~1966.5</td></tr>
<tr><td>王文克</td><td>1964.9~1966.5</td></tr>
<tr><td rowspan="2">文化部图博文
物事业管理局
（1965.8~1966.5）</td><td rowspan="2">办公室
文物处
博物馆处
图书馆处
计划财务处</td><td>张恩起</td><td>1965.8~1966.5</td></tr>
<tr><td>唐守愚</td><td>1965.8~1966.5</td></tr>
</table>

（1970.5~1977.12）

时期	内设机构	局长	任职时间	副局长	任职时间
图博口领导小组 （1970.5~1973.2）	政工组 办事组 业务组	郎捷 （组长）	1970.5~ 1973.2	王冶秋 （副组长）	1970.5 ~1973.2
国家文物事业管理局 （1973.2~1977.12）	党委办公室 办公室 文物处 博物馆处 图书馆处 计划财务处 外事处	王冶秋	1973.2~ 1977.12	彭则放	1973.2 ~1977.12
		刘仰峤 （书记）	1973.2~ 1975.7	沈竹	1975.10 ~1977.12

（1978.1~1988.6）

时期	内设机构	局长	任职时间	副局长	任职时间
国家文物事业管理局 （1978.1~1982.5）	党委办公室 政治部 办公室 研究室 文物处 博物馆处 图书馆处 流散文物处 宣教处（1981 年 10 月改为教育处） 保卫处 计划财务处 外事处 人事处 文物档案资料室 行政处	王冶秋	1978.1~ 1979.12	彭则放	1978.1~1979.12
				沈竹	1978.1~1979.12
				华应申	1979.3~1979.12
				齐光	1979.3~1979.12
		任质斌	1979.12~ 1982.5	彭则放	1979.12~1981.2
				沈竹	1979.12~1982.5
				华应申	1979.12~1981.5
				齐光	1979.12~1982.5
				孙轶青	1980.1~1982.5
				金紫光	1980.6~1982.5
				汪小川	1980.10~1982.5
				马济川	1981.2~1982.5
				王冶秋（顾问）	1979.12~1982.5
				李兆炳（顾问）	1980.10~1982.5
				彭则放（顾问）	1981.2~1982.5
				常书鸿（顾问）	1982.1~1982.5

<table>
<tr><td rowspan="6">文化部文物事业管理局
(1982.5~1987.6)</td><td rowspan="6">办公室
党委办公室
研究资料室
（1985 年 12 月改为研究室）
文物处
博物馆处
流散文物处
教育处
保卫处
计划财务处
外事处
人事处
（1985 年 3 月改为干部处）
行政处
审计室</td><td rowspan="3">孙铁青</td><td rowspan="3">1982.5~
1984.3</td><td>沈竹</td><td>1982.7~1984.3</td></tr>
<tr><td>马济川</td><td>1982.7~1984.3</td></tr>
<tr><td>谢辰生（顾问</td><td>1982.7~1984.3</td></tr>
<tr><td rowspan="3">吕济民</td><td rowspan="3">1984.3~
1987.6</td><td>沈竹</td><td>1984.3~1987.6</td></tr>
<tr><td>庄敏</td><td>1984.3~1987.6</td></tr>
<tr><td>谢辰生（顾问）</td><td>1984.3~1987.6</td></tr>
<tr><td rowspan="3">国家文物事业管理局
（1987.6~1988.6）</td><td rowspan="3">办公室
党委办公室
研究室
文物处
流散文物处
博物馆处
教育处
保卫处
计划财务处
外事处
干部处
行政处</td><td rowspan="3">吕济民

张德勤</td><td rowspan="3">1987.6~
1988.4

1988.4~
1988.6</td><td>沈竹</td><td>1987.6~1988.6</td></tr>
<tr><td>庄敏</td><td>1987.6~1988.6</td></tr>
<tr><td>谢辰生（顾问）</td><td>1987.6~1988.4</td></tr>
</table>

（1988.6~）

<table>
<tr><th>时期</th><th>内设机构</th><th>局长</th><th>任职时间</th><th>副局长</th><th>任职时间</th></tr>
<tr><td rowspan="16">国家文物局
（1988.6~）</td><td rowspan="7">办公室
党委办公室
研究室
文物一处（主管地上文物）
文物二处（主管地下文物）
文物三处（主管流散文物）
博物馆处
教育处
法制处
保卫处
计划财务处
外事处
干部处（1989 年 1 月改为人事处）
老干部处
行政处</td><td rowspan="7">张德勤</td><td rowspan="7">1988.6~
1996.4</td><td>沈竹</td><td>1988.6~1990.11</td></tr>
<tr><td>庄敏</td><td>1988.6~1989.2</td></tr>
<tr><td>黄景略</td><td>1988.12~1991.11</td></tr>
<tr><td>马自树</td><td>1988.12~1996.4</td></tr>
<tr><td>张柏</td><td>1990.11~1996.4</td></tr>
<tr><td>阎振堂</td><td>1992.4~1996.4</td></tr>
<tr><td>彭卿云</td><td>1992.4~1996.4</td></tr>
<tr><td rowspan="5">办公室（人事劳动司）
秘书处、调研处、人事处、
外事处、资产财务管理处
文物保护司
保护管理处、修缮管理处、
考古管理处
博物馆司
博物馆处、纪念馆处、社会文物管理处
综合财务司
计划统计财务处、法制处、
安全保卫处、科技教育处
机关党委
党委办公室、纪检办公室、团委</td><td rowspan="5">张文彬</td><td rowspan="5">1996.4~
1998.12</td><td>阎振堂</td><td>1996.4~1996.12</td></tr>
<tr><td>马自树</td><td>1996.4~1998.12</td></tr>
<tr><td>张柏</td><td>1996.4~1998.12</td></tr>
<tr><td>彭卿云</td><td>1996.4~1996.12</td></tr>
<tr><td>董保华</td><td>1997.3~1998.12</td></tr>
<tr><td rowspan="4">办公室（人事劳动司）
秘书处、政策法规处、外事处、
计财处、人事处、离退休干部处
文物保护司
文物处、考古处、社会文物处①
博物馆司
博物馆处、科技教育处、安全保卫处②
机关党委
党委（纪委）办公室</td><td rowspan="4">张文彬</td><td rowspan="4">1998.12~
2002.8</td><td>郑欣淼</td><td>1998.12~2002.8</td></tr>
<tr><td>马自树</td><td>1998.12~2000.5</td></tr>
<tr><td>张柏</td><td>1998.12~2002.8</td></tr>
<tr><td>董保华</td><td>1998.12~2002.8</td></tr>
</table>

	办公室（外事联络司） 秘书处、预算处、财务处（审计处）、 外事处、国际组织与港澳台处（护照签证处） 政策法规司③ 法规处、政策研究处、新闻与宣传处 督察司④ 督察处、安全监管处、联合执法处 文物保护与考古司⑤ 文物处、考古处、世界遗产处 博物馆与社会文物司（科技司）⑥ 博物馆处、社会文物处、科技与信息处 机关党委、人事司⑦ 党委（纪委）办公室、人事处、 专家与培训处、离退休干部处	单霁翔	2002.8~	郑欣淼	2002.8~2002.9
				张柏	2002.8~2010.1
				董保华	2002.8~
				童明康	2004.1~
				顾玉才	2010.1~
				宋新潮	2010.1~

① 2001 年在文物保护司下增设世界遗产处，将社会文物处划归博物馆司。

② 2001 年将安全保卫处划归办公室。

③ 2005 年设立政策法规司，将安全保卫处划归该司，更名执法督查（安全保卫）处。

④ 2009 年设立督察司。

⑤ 2009 年文物保护司更名为文物保护与考古司。

⑥ 2009 年博物馆司更名为博物馆与社会文物司（科技司）。

⑦ 2005 年机关党委、人事劳动司更名为机关党委、人事教育司；2009 年更名为机关党委、人事司。

附录

（二）国家文物局机关办公地变迁

1. 1949 年 11 月 1 日，中央人民政府文化部文物局成立。图为局机关办公地北海团城。

2. 1954 年 2 月，局机关迁至东四头条 5 号文化部内办公。

3. 1956 年 9 月，局机关随同文化部迁入朝内大街 203 号新址办公。

4. 1970 年 5 月，成立图博口领导小组。领导小组在沙滩北大红楼旧址办公。

5. 1976 年唐山大地震后，北大红楼进行抢险抗震加固工程。国家文物事业管理局迁至紫禁城慈宁宫办公。1980 年 1 月，局机关迁回红楼。图为局机关办公地故宫慈宁宫。

6. 2001 年 4 月，国家文物局机关迁至朝阳门北大街 10 号办公。

结 语 | JIE YU

筚路蓝缕，风雨兼程。六十年来，长城内外、大江南北，雪域高原、大漠戈壁，一处处古建筑、石窟寺、古遗址、古墓葬，一个个考古现场、维修工地、博物馆、文管所，无不挥洒着一代代国家文物局人孜孜以求、辛勤工作的汗水，无不铭刻着新老文博工作者保护文化遗产、守望精神家园的足迹。

峥嵘岁月，薪火相传。在长期的工作实践中，国家文物局积极推进自身建设，锤炼、凝结了吃苦耐劳、无私奉献，尊重知识、科学决策，开拓创新、和谐向上的优良作风，引领全国文物事业不断发展壮大，从胜利走向新的胜利。

展望未来，任重道远。在党中央、国务院的领导下，国家文物局和全国文博工作者肩负起时代赋予的神圣使命，弘扬传统，团结协作，继往开来，科学发展，为建设文化遗产保护强国而努力奋斗。

MING XIE | 鸣 谢

《春华秋实——国家文物局60年纪事》是在《春华秋实——国家文物局60年展》的基础上编撰而成的。在展览筹备和本图录编撰过程中，得到国家文物局领导亲切关怀；罗哲文、谢辰生等文物专家为展览筹备和图录编撰给予细致指导，并提供珍贵的文献资料。国家文物局机关各司室、各直属单位的领导和有关负责同志对本图录的编撰给予了大力支持。在此深表谢意。

编　者

2010年10月